風刺漫画

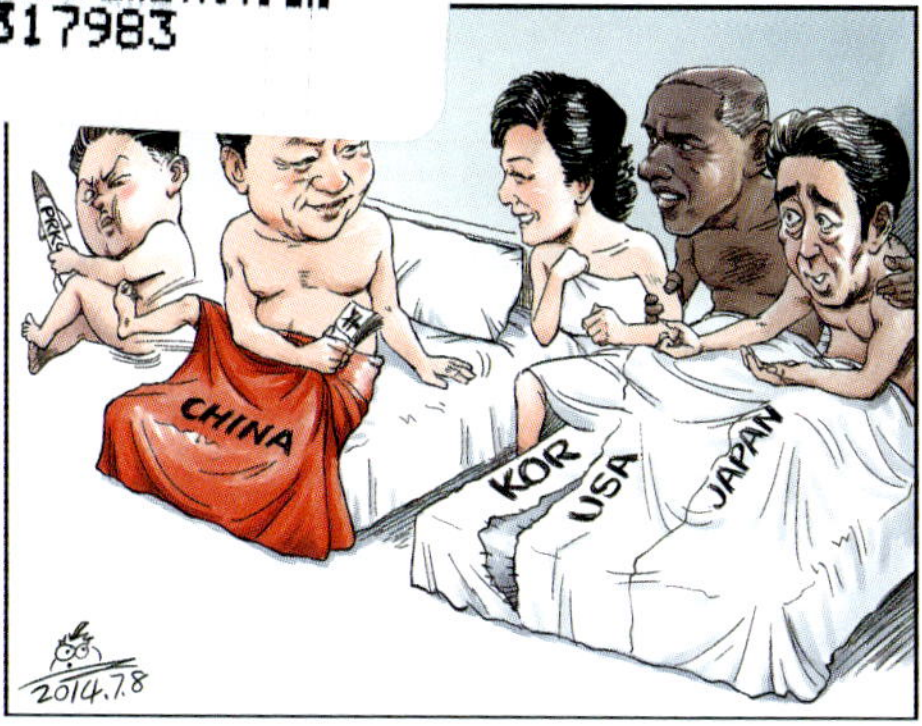

〔図1〕東アジア情勢の風刺。ミサイルをもてあそぶ金正恩《キムジョンウン》第一書記をベッドから蹴りだした習近平《しゅうきんぺい》総書記。札束を手に韓国を誘惑している。習近平のベッドに移ろうとする朴槿恵《パククネ》大統領、引き留めようとするオバマ大統領と安倍晋三《あべしんぞう》首相

〔図2〕鄧小平《とうしようへい》の言葉「白猫であれ黒猫であれ、鼠を捕るのが良い猫である」を題材にした一枚。鄧小平はイデオロギーにこだわらず経済発展のための実用的な制度を取り入れるべきとの意味で使ったが、このイラストでは中国共産党は武力と経済力を武器に独裁政権を築いていると揶揄している

〔図3〕2014年秋に北京でアジア太平洋経済協力会議(APEC) 首脳会議が開催された。期間中に日中首脳会談が実現するか注目を集めたが、中国側は靖国神社に参拝しないことの確約と尖閣諸島が領土係争地であることを認めることの二つの条件を日本に突きつけた

〔図4〕「黨」は「党」の旧字体。かんむりを取ると「黒」になるが「黒社会」は中国語でマフィアの意味。「党社会」(共産党社会) はマフィアそのものとの皮肉

黨社會

〔図 5〕「盲目の弁護士」と呼ばれる人権活動家、陳光《ちんこう》誠《せい》氏のイラスト。当局の不正を暴いた陳氏は「人を集め交通秩序を乱した」罪で投獄された。2010 年に出獄するも自宅軟禁状態に置かれた。ネット論壇では「自由光誠」（陳光誠を解放せよ）との運動が展開されたが、辣椒のイラストが運動のシンボルとなった

〔図 6〕2012 年の台湾総統選挙。「グレートファイヤーウォール」と呼ばれる、ネット検閲システムの壁を回避して、羨ましそうに眺める中国人

SHODENSHA
SHINSHO

なぜ、習近平は激怒したのか

――人気漫画家が亡命した理由

高口康太

祥伝社新書

漫画・イラスト……辣椒

はじめに

「正常な国に住んでいる日本人には中国のことはわからないのでしょうね」

日本に〝亡命〟している風刺漫画家の王立銘《おうりつめい》、ペンネーム「辣椒《ラージャオ》」の言葉だ。中国の経済的台頭に伴い、日本は中国に関する情報であふれかえるようになった。テレビ、新聞、書籍、ウェブメディア……政局、外交はもちろん、きわめてニッチな事件についても報じられるようになった。情報の量だけでみれば、アメリカをも超えているのではないか。

しかし、はたして日本人は中国の現状を理解できているのだろうか。

・200人以上の人権派弁護士、活動家、陳情者が逮捕された。
・ウサギが主人公のかわいい愛国アニメ「あの時、あのウサギ、あの出来事」がヒット。
・1000万人のネット検閲ボランティアが集められた。

・人民解放軍が「野菜の切れ端は漬け物として活用せよ」と通達した。
・株価急落対策に3兆円を超える国費が投入された。
・元アダルトサイト経営者が、新世代の「ポジティブ・エネルギー作家」として習近平《しゅうきんぺい》に激賞された。
・「小さなリンゴ」という曲の「踊ってみた」動画が大流行。

個々のニュースだけを見ると、「中国はやはり変な国だ」との認識しか得られないかもしれない。しかし一見バラバラなニュースは一つの動きの中に位置づけることができる。その動きとは「皇帝の座に近づく習近平」である。

皇帝とは何も強力な独裁権力を意味しているのではない。前近代の中国において、皇帝とは至上の徳によって民を感化し、熱烈に推戴《すいたい》された存在だとされてきた。新中国において、毛沢東《もうたくとう》は唯一神格化され、個人崇拝の対象とするプロパガンダが続けられてきた。その存在はかつての皇帝に比すべきものだ。鄧小平《とうしょうへい》、江沢民《こうたくみん》、胡錦濤《こきんとう》と続くその後の指導者とは一線を画する。改革開放以後は官僚的統治が整備され市場経済の導入が進み、指導者個人のカリスマが失われていったためだ。その意味で習近平は「史上最弱の帝王」になるとの予測もあったほどだ。だが、蓋《ふた》を開けてみれば、習近平は毛沢東以来のカリスマになろうとしている。江沢民以来、中国共産党の総書記は2期10年の任期がなかば制度化されていたが、「民に熱烈に推戴された」習近平は10年を超える長期政権につく可能性が高いと、私と辣椒の意見は一致している。

毛沢東以来といっても、習近平の手法は古くさいプロパガンダを繰り返すものではない。強圧的な統制とポップでカジュアルな手法とを組み合わせた、これまでにない新たなスタイルだ。この手法は、中国共産党の「敵」であったネット論壇《ろんだん》から簒奪《さんだつ》したものである。

習近平体制発足前、中国共産党は危機に直面していた。経済の成長に伴い権利意識に目覚めた中産層が誕生し、ネットという新たなツールを駆使《くし》して、独裁体制に強い圧力をかけていたのだ。その中核となった人々、ネット上の議論空間を本書ではネット論壇と呼ぶ。ネット論壇の力によって官僚の解任や大型産業プロジェクトの撤回など、これまでにはなかった事態が次々と起きた。日本でも、2010年の「アラブの春」との連想から中国でも体制転換が起きるのではないかと注目する報道も少なくなかった。影響力が衰《おとろ》えるとともに日本での注目も失われてしまったが、習近平体制がその手法を簒奪した以上、現状の中国を理解するためにはネット論壇について知ることが不可欠だ。

このネット論壇の栄光と挫折《ざせつ》を知る水先案内人として、本書では辣椒と彼の風刺漫画を扱いたい。

辣椒は1973年生まれ。新疆《しんきょう》ウイグル自治区に「下放《シャーファン》（文化大革命の時代に労働教育と称して知識青年を辺境部に送り込んだ政策）」された両親から生まれた。過酷な辺境で子どもを育てるのは難しいと上海《シャンハイ》市の祖父母の元で育てられたが、大人になるまで戸籍は新疆ウイグル自治区のままだった。そのため進学などの公共サービスも満足に受けられず、一時は道路脇にシートを広げ、靴下や下着を売る露天商として働いたこともあった。両親と離れればなれで暮らし経済的にも困窮《こんきゅう》した暮らしを送っていた辣椒だが、その苦しさを政府の問題と考えることもなく、政治にまったく興味を持たぬまま大人になった。

その彼の人生を大きく変えたのがネット論壇だった。最初はただネットの有名人の議論を眺めるだけだったというが、次第に自《みずか》らもかかわりたい、中国を変える力になりたいと考えるようになり、イラストの才能を生かして風刺漫画家として活動するようになった。第一章で詳述するが、ネット論壇において風刺漫画は強力な武器であり、人々を動員する現実的な力を持っていた。

活躍を続けた辣椒だが、次第に当局ににらまれるようになる。SNSのアカウントは60回以上も削除され、警察や国家安全保障局による事情聴取もたびたびだった。そして2014年8月、人民日報麾下《きか》のネット掲示板「強国論壇」に「漢奸《ハンジエン》(売国奴)」「媚日《メイリー》」と彼を批判するコラムが掲載されたばかりか、その記事は10紙を超える官製メディアに転載された。中国において官製メディアは報道ではない。党の「喉と舌」(代弁者)との役割を与えられており、報道の体裁で当局の意向を示すものである。たとえば、日本を激しく批判する社説は政府が反日活動に支持を与えたというサインであり、また習近平総書記と安倍晋三《あべしんぞう》首相の首脳会談写真は関係雪解けを許すシグナルとなる。

官製メディアによる一斉批判は、逮捕状が発行されてはいないものの、当局が辣椒排除の意志を固めたものと言えるだろう。また批判コラム掲載と同時に、ビジネスパートナーと共同経営していたネットショップも閉鎖された。「単に私を批判するだけではなく、生活の糧《かて》を奪って抹殺《まっさつ》しようとするもので、当局の本気度を感じた」と辣椒は話している。当時、日本に滞在していた辣椒は祖国に戻れば逮捕されると判断し、日本にとどまることを決めた。中国共産党が存在するかぎり帰国はしないと断言する。実質的には亡命だ。

ネット論壇の中心人物の一人として活躍し、そして言論統制による迫害《はくがい》を受けた辣椒。本書では辣椒のインタビューと作品を手がかりとして、習近平体制前後の中国の変化を読み解いていく。

本書の構成を説明しよう。第一章では習近平体制以前の状況について説明する。ネットを武器に「野次馬」を動員することで政権に圧力をかけたネット論壇の手法と実例、政治変革を希求《ききゅう》する社会グループとしての中産層の台頭、政権に譲歩を迫った環境デモなど、中国共産党に危機感を与えた諸問題を取り扱う。

第二章以降は習近平体制以後の変化について述べる。第二章ではネット論壇の「遊撃戦」的手法を習近平がいかに簒奪したのか。ブログ、替え歌、アニメなどさまざまなポップなツールを使いこなすとともに、リベラル派ブロガーや人権派弁護士への弾圧という硬軟《こうなん》織り交ぜた手法で、民衆の支持を強奪する姿を描き出す。

第三章では経済面について取り扱う。「市場の自由化と政府の撤退」という大方針が進まなかったこと、新たに生まれた中産層が自律的な市場と社会を希求するのではなく、独裁体制に過剰適応し、既得権益集団として自分たちの権利を守る方向に動いたことを示す。

第四章では社会の側の問題点を考えてみたい。ネット論壇に内包されていた問題点、大衆化の進展によってネット論壇が瓦解《がかい》する過程を取り上げる。そこに見えてくるのは自律的な市民ではなく、他者に責任をゆだねる道を選びつつある人々の姿である。

平成二十七年八月

高口康太《たかぐちこうた》

目次

第三章　中国のジェットコースター経済と、既得権益者となった中産層

第四章　自律的な市民と、客体としての愚民の狭間で

第一章　政治改革の熱気

——習近平政権誕生前夜のネット論壇と、都市中産層の誕生

辣椒《ラージャオ》が語る「中国改革への期待」

――胡錦濤政権の末期、中国では政治改革が始まるのではないかとの期待が高まっていました。その原動力となったのがネット論壇です。既存メディアとは違い、自由な発言が許される空間では、さまざまな意見が飛び交《か》い、多くのフォロワーを集めるオピニオンリーダーが誕生しました。単なる言葉だけではありません。汚職官僚が摘発されたり、環境汚染をもたらす工場建設が撤回されるなど現実社会にも大きな影響を及ぼしました。辣椒さんはネットで活躍する風刺漫画家、オピニオンリーダーの一人として、ネット論壇の中心にいた人です。当時のネット論壇について振り返っていただけますか。

辣椒 オピニオンリーダーとは少し違うかもしれません。そもそも私は中国の政治問題、社会問題にまったく興味がなかったのです。1989年の天安門事件当時、16歳の私はほとんど事件に興味を持っていませんでした。テレビの報道を見て突然論調が変わったことに違和感を感じたことはありましたが、それ以上の関心にはつながりませんでした。

興味を持ったきっかけはインターネットでした。中国の現代史、中国共産党の歴史については学校で習ったことぐらいしか知りませんでしたが、インターネットを通じて、隠された事実、悲劇が無数にあることを知るようになったのです。民主化を訴《うった》えた学生や市民が戦車で踏みつぶされた天安門事件、多くの人々が吊し上げられ命を落とした文化大革命、数千万人が餓死《がし》した大躍進……何一つ知らなかったのです。

インターネットを通じて、隠されていた中国の歴史について知識を得るようになった一方で、ネット論壇で繰《く》り広げられる自由闊達《かったつ》な議論に引きつけられました。今日起きた事件についての解説から始まり、中国社会の問題点、共産党のウソ、いかにして人権を守るべきか、中国の民主化には何が必要か、いろんな問題が議論されていたのです。その議論の中心にいたのが、オピニオンリーダーと呼ばれる人々でした。後に彼らの多くと直接会ったり連絡し合ったりするようになりましたが、当時はただのファンだったと言ってもいいでしょう。

上海市でデザイナーとして働いていた私ですが、ネット論壇の熱気にあてられているうちに、自分でもなにかをしたいと思うようになりました。実は風刺漫画を描く前からネット掲示板にイラストを発表していました。「猫撲《マオプー》」という大手ネット掲示板には画像を投稿する機能があったのです。掲示板のスレッドが立つとあっという間《ま》にイラストでコメントをつけるという芸で、猫撲ではちょっとした有名人でしたよ。

この絵の技術を使ってネット論壇に加わってみようと思ったのです。積極的に風刺漫画を投稿しだしたのは2010年ごろからですが、始めてみると想像以上の反響がありました。良い作品はネット掲示板やSNSに次々と転載され、自分のファンだけではなく、ネット論壇全体からの反響を得るものとなりました。

――私もお会いする前から作品を拝見していました。辣椒さんのイラストが、ある社会問題のシンボルのようになっているケースもありますね。

辣椒　そうですね。中国には無数の問題があり、毎日のように奇妙な事件が起きています。その急所を切り出し、描き出すのが風刺漫画です。ですから、漫画がシンボルのようになって記憶されることもあります。たとえば「盲目の弁護士」陳光誠《ちんこうせい》の自宅軟禁解除を求めた、２０１０年の自由光誠運動はその代表例です。多くのネットユーザーが陳を解放するよう声をあげましたが、その際に私のイラストを転載したのです。また、印刷して自分の車に貼り付けて支持を表明した人もいました。

――中国では毎日さまざまな事件が起きます。人々の注目が拡散してしまうことも多いですし、まったく注目を集めない事件もあります。辣椒さんの作品を拝見すると、一瞬で事件の本質を理解できてしまう。これが風刺漫画の力だと感心させられました。本来ならば膨大な情報量の中で埋もれてしまっていた話題が、辣椒さんの漫画で注目を集める。そして人々の注目が高まれば中国政府も無視できなくなる。現実社会に強い影響力を与える力があります。

辣椒　確かにネット論壇、そして風刺漫画は力を持っていました。その力に自分自身が魅了された部分もありますね。私はフリーのデザイナーをやめ、創作に没頭するようになります。ネットの力で中国は変わるんじゃないか、自分もその助けをしたいと思うようになりました。

ですが、その代償《だいしょう》はきわめて大きいものでした。当局は私に圧力をかけ、監視するようになったのです。警察に呼び出されたり、国家安全保障局の取り調べを受けるようになりました。いつか逮捕されるのではないかとの悪夢にうなされる日々が続いたのです。

私だけではなく、読者にまで被害は及びました。私の漫画をプリントしたTシャツを販売しようとした人がいたのですが、すぐに摘発《てきはつ》されています。最近も、私の漫画をネットに転載したというだけで、警察の事情聴取を受けたネットユーザーがいました。

今、私は半《なか》ば亡命のような形で日本にいます。共産党政権が存続するかぎり、中国には帰らないと誓《ちか》いました。祖国から捨てられた事実を思うと胸が張り裂けそうになりますが、悪いことだけではありません。ここ日本では、いつ逮捕されるかわからない恐怖から解放されたのですから。

ただの一漫画家にこれほどの圧力をかけるなど、普通の国では考えられないことでしょう。中国政府が、私と風刺漫画にこれほどの弾圧をしたのはなぜか。やはりネットの力、人々の力に怯《おび》えていたと考えるほかありません。

検閲《けんえつ》を軽々と飛び越えるインターネットの魅力

２０１２年11月の中国共産党第十八回全国代表大会（十八大）で習近平体制が誕生する。今となっては幻《まぼろし》のように思えるが、その前夜には改革実現は近いと感じさせる熱気が確かに存在していた。「明日にも革命が起こりそうに感じます」と語った、ある中国人学生のことを筆者はよく覚えている。

この熱気は何を背景としていたのか。それは第一に市民意識覚醒《かくせい》の場となる「インターネット公共圏」「ネット論壇」が誕生したこと、第二に、市民意識の担《にな》い手となる都市中産層が誕生し、自らの財産と生活環境を守るための政治参加の意識が芽生《めば》えたこと、そして第三に、体制側にも従来の独裁体制の行き詰《づ》まりが強烈に意識されたことと考えられていた。習近平体制の性格を理解するためには、今は失われてしまった熱気を理解することが必要不可欠となる。前述3つのポイントを軸に当時を振り返りたい。

まずはネット論壇について考えよう。日本同様、中国でも1998年のウインドウズ98を契機にネットの普及が進んだ。広大な中国だけに普及率こそ先進国に遅れをとったとはいえ、大都市部での浸透《しんとう》は日本と比べても遜色《そんしょく》はない。

余談だが筆者は1998年から翌年にかけて中国に留学し、そこでインターネットに初めて出会った。まだ個人でネット回線を引いている人は少なかったが、ネットカフェや大学のネットルームはいつも人であふれかえっていた。いやはや中国は進んでいると驚いて帰国したのだが、日本の大学に戻ると中国と同様、大学の情報処理室はネットを利用する人で一杯だったことにもう一度驚いた。個人的な体験だが、日本と中国でほぼ同時期にネットの普及が進んでいたことを示す良い例だろう。中国という遅れた社会と思われがちだが、新たな技術の導入には日本以上に積極的だ。遅れていたかと思いきや気づけば先を走っている、「一周遅れの先頭ランナー」となっていることが多い。

インターネットの普及が始まったとはいえ、回線速度は今とは比べものにならない遅さだったし、サービスも今ほど充実していない。ウェブの情報量も今ほど多くはなかった。今、振り返ればまだまだ未成熟な世界だったインターネットだが、何かすごいことが起きるのではないか、社会を変える力があるのではないかという期待感だけは今よりもはるかに大きかった。この期待感は世界共通のものだが、中国では他国以上に期待されていた。「当局によるメディア支配」「民意表明の機会がない」という、独裁国家ゆえの規制を飛び越える力があると感じられたからだ。

中国ではテレビ、ラジオ、新聞などのメディアはすべて国有企業であり、当局のコントロール下にある。この辣椒のイラスト［図7］はメディア検閲を取り上げたものだ。「中国に検閲制度は存在しない」とのウソにピノキオの鼻が伸びている。厳しい検閲の中でも、ギリギリのラインで政府批判を続けるメディアもあるが、厳しい検閲下にあってできることには限界がある。

たとえば鋭い政府批判で知られる「南方週末」という新聞がある。実は同紙を発行する企業・南方報業メディア集団は広東《カントン》省共産党委員会直属で、母体は省党委員会の機関紙「南方日報」である。オバマ大統領が中国を訪問した際には南方週末のインタビューに応じた。パブリック・ディプロマシー、国と国との外交ではなく相手国の国民に訴える外交の場として南方週末こそふさわしいと指名された。出自はお堅い共産党機関紙を発行する新聞社だったにもかかわらず、政府批判という報道方針でリベラル紙としての権威を確立したことを如実《にょじつ》に示すエピソードと言える。この権威を武器に、同紙は商業的な成功を収《おさ》めている。

良質な調査報道やコラムなど、南方週末は高いレベルを保っていたが、同紙の人気を不動のものとしたのは数々の伝説だった。たとえば前述したオバマ大統領のインタビューだ。検閲により掲載を禁止されたが、そのスペースに差し替え記事を入れず、空白のまま発行された。劉暁波《りゅうぎょうは》のノーベル平和賞受賞後の記事も話題となった。劉は一党独裁の廃止、三権分立などを求めた提言「零八憲章《リンバーシエンジャン》」の呼びかけ人。政府は提言を国家政権転覆扇動罪と見なし、懲役11年の判決を言い渡した。その翌年に劉はノーベル平和賞を受賞している。服役中の劉が中国を離れられるわけもなく受賞者不在の授賞式が行なわれた。その翌日に南方週末は広州パラリンピック開幕式のリハー

〔図 7〕「わが国にはメディア検閲制度はない」と書かれた新聞。大ウソを読んで鼻が伸びてしまったピノキオ

サルの報道として、空席の椅子と鶴の写真を掲載した。空席は劉暁波不在の授賞式を示す。「鶴」の中国語発音は「賀」と同じである。まるでナゾナゾだが、報道禁止の通達の裏をかいて劉暁波の受賞を祝ったものだと解釈された。他にも天安門事件記念日に「戦車の前に立ちふさがる人の絵を黒板に落書きする少年」のイラストを掲載した。戦車の前に立ちふさがる人とは、天安門事件を象徴するワンシーンだ。何気ないイラストを使って追悼《ついとう》の意を表明することに成功している。

このように南方週末はギリギリのラインで検閲と戦ってきた。その勇気は讃《たた》えるべきだが、客観的に見ればきわめて迂遠《うえん》な行動でしかない。これが既存メディアの限界だった。だが、インターネットならばそのラインをあっさりと踏み越え、より直接的な表現で政府を批判し、あざ笑うことができる。それどころか汚職官僚の悪事を告発する文章も、公開できる。輸入禁止の海外メディアも簡単に入手できる。中国当局はネット草創《そうそう》期から検閲に取り組んでいたものの、新聞やテレビ、ラジオ、映画などのオールドメディアと比べれば規制はゆるく、検閲はザル状態だった。

世界的な潮流《ちょうりゅう》と同じく、中国でも最初に人気となったコミュニケーションサービスはネット掲示板だった。次々と大手のネット掲示板が誕生しユーザーを集めたが、同時に小規模掲示板が人気となった点が中国の特徴だ。学校や職場などの所属、あるいは街やマンションなどの居住地ごとにネット掲示板が作られた。大学生やサラリーマンなどの都市住民の多くは、そうしたネット掲示板でニュースを知るようになっていた。

ネット掲示板の魅力は単にニュースを読むことだけにあったのではない。コメントして議論できる仕組みが魅力的だった。ほとんどの場合はたわいもないジョークの言い合いだが、それでもある出来事について他人がどう考えているのかを知り、共通の関心事について語り合う空間となった。中国の場合は所属や居住地など生活に密着したネット掲示板が多かっただけに、この傾向が強いと言える。北田《きただ》暁大《あきひろ》『嗤う日本の「ナショナリズム」』（ＮＨＫ出版、２００５年）は日本の大手ネット掲示板2ちゃんねるを分析し、議論の中身自体は問題ではなく会話を続けること自体が目的化している、つまり、流れを切らずに書き込みがひたすら続くという手段自体を目的化したコミュニケーションだと結論づけた。その意味で、中国のネット掲示板は、日本よりも個別具体的な問題についての議論が成り立ちやすい傾向があった。

ネット公共圏は市民意識を覚醒させるのか

共通の関心事について語り合う空間、これを「公共圏」と呼ぶ。公共圏とはドイツの哲学者ハーバーマスの概念で、近代的市民意識が創出《そうしゅつ》する場となった読書会やサロンなどの議論の場を意味する。現実の空間ではなく、仮想空間でも公共圏は成り立つのではないかと期待する「インターネット公共圏」論が21世紀初頭にさかんに議論されている。特に中国では、来《きた》るべき民主化の土台となる市民意識を涵養《かんよう》するものとして期待された。

ネット掲示板が近代的市民意識を作る、インターネット公共圏が成立するという物言いは今から振り返ればなんとも大仰《おおぎょう》すぎる期待に思える。しかし、少なくとも政治問題、社会問題について積極的に議論するネット論壇が誕生し、その論壇で主流派となる考え方――ネット世論が可視化されたことは事実だ。ネット論壇とネット世論の意義をどれほど評価するかは論者によって異なるが、最大限に重視し恐れた存在がある。中国共産党である。

選挙もなければ独立したメディアの世論調査もない独裁国家では、ネット世論こそが唯一民意を確認しうる場だったからだ。もちろん誰が何回書き込んだのかわからないようなネット掲示板で、正確な意味での世論などわかりようはずもない。だが他に代替物がない以上、ネット世論は大きな重みを持つ。

世論があろうがなかろうが、民意が政府を支持しようが支持しまいが、関係ない。こうした体制を「専制国家」と呼ぶ。一方でよく似た言葉の「独裁国家」では、政権は選挙で選ばれたわけではないが国民の強い支持を受けているというフィクションで成り立っている。中国は典型的な独裁国家である。「プロレタリアートの付託《ふたく》を受けた共産党独裁」というイデオロギー的側面、「侵略者から民族を救った」という歴史的立場に加え、前近代の中華皇帝のイメージを引き継ぐ統治者という3つの意味で民意の支持というフィクションを必要としている。１９４９年10月１日、毛沢東は天安門の上から中華人民共和国建国を宣言した。天安門は皇帝が下級の家臣に姿を見せる場所であった。まさに毛沢東が皇帝となったことを示すパフォーマンスである［図

8]。

この中華皇帝のイメージについては説明が必要かもしれない。中華帝国において皇帝とは、比類なき徳を持つゆえに天命を受けた存在である。その徳はあまねく天下に広がり、人間や自然をも従わせる超越的な力として機能する。逆にいえば大多数の人々、すなわち民意が叛逆《はんぎゃく》する時、それは皇帝の徳が失われたことを意味した。中国の歴史書は基本的に新たな王朝が前代の王朝の歴史を編纂《へんさん》する形式で行なわれるが、旧王朝の末期には天変地異が起こり反乱が相次いだことが強調される。

これは単なる歴史的事実という以上に、前王朝の徳は失われており王朝交替が必然であったことを示すレトリックであった。中国共産党もまた中華皇帝のイメージからは自由ではなく、自らの徳を証明する必要に迫られている。たとえあいまいな世論であれ、民意の叛逆は許されざる事態である。

マイクロブログによるネット論壇の拡大

中国のネット掲示板は日常生活に根ざしたものであったがゆえに、個別具体的な問

〔図8〕1949年10月1日、毛沢東は天安門から中華人民共和国成立を宣言した。しかし、この新たな国は「タイタニック」と同じく沈没する運命にあったとの風刺。毛沢東のセリフは「大航海は操舵手が肝心だ」というもの。はてさて頼みにしていいものだろうか

題が議論されるネット論壇として機能し、一部の世論を可視化させた。しかし無数に分断された場であり、「中国全体の世論」のように提示する力には乏しかった。この状況を変えたのがツイッター型サービスのマイクロブログである。

マイクロブログでのコミュニケーションは通常、発言者とそのフォロワーという関係の中にとどまる。だが波及力がある情報の場合にはフォロワーが転載し別のつながりへと情報を届けることにより伝播《でんぱ》力を爆発的に拡大させ、そのサービスを利用するユーザー全体へと拡散していく。またパソコンではなく、携帯電話から投稿できる。なんらかの事件が起きた時、投稿から情報の拡散まであっという間に実現するわけだ。こうしてマイクロブログによって、ネット論壇は中国国民全体のネット世論を体現するものへと進化していった。

中国でのマイクロブログ普及の歴史について振り返ってみよう。米国でツイッターが誕生したのは2006年7月だが、その10カ月後には中国発のツイッター型サービス「飯否《ファンホウ》」が誕生した。さらにまもなくしていくつかの類似サービスが生まれている。余談だが日本にはタイムマシン経営という言葉があった。米国の先進的サービスをいち早く模倣《もほう》すれば成功するというものだが、日本のみならず中国でも状況は同じだった。ユーチューブやフェイスブックなどの新たなサービスが登場するや、すぐに類似のサービスが登場した。

現在では米国のサービスが直接日本に上陸するため、タイムマシン経営という言葉は聞かなくなったが、検閲により海外のサイトへのアクセスが困難で、また外資の参入が困難な中国では今も次々と模倣サービスが登場している。

さて飯否などのマイクロブログだが、2009年7月にすべてのサービスが閉鎖された。原因は新疆ウイグル自治区ウルムチ市で起きたウイグル騒乱である。約200人の死者が出た惨事を押さえ込むため、中国政府は新疆ウイグル自治区でのインターネットを遮断《しゃだん》。さらには、管理の手の行き届かないツイッター型サービスをすべて停止させるという強硬《きょうこう》手段に訴えた。

この間隙《かんげき》を縫って登場したのが、大手ポータルサイトを運営する新浪《シンラン》社のサービス「新浪微博《ウェイボー》」だった。飯否などの新興企業とは異なり、政府とも太いパイプを持つ新浪社が運営することで、検閲などの取り締まりは強化されてもサービスそのものは中止されることなく、現在にいたっている。後にテンセントやネットイースなど他のIT大手もマイクロブログサービスをリリースするが、新浪微博は圧倒的なシェアを占《し》めている。習近平体制発足当時、新浪微博のアカウント数は5億を突破している。

ネット論壇の商業的成功

無数のネット掲示板から統合された微博への転換により、ネット論壇は影響力を大きく増した。その中では次々と中核的な人物が登場する。社会問題について積極的に発言する研究者を指す「公共知識人」。実名で時事問題に関する評論を行なう「大V」(実名認証を行なった微博アカウントには名前の横にV字型のマークが表示される。大Vとは多くのフォロワーを集めた、実名アカウントの意)。社会問題についてネットで積極的に意見を表明する人々のリーダー的存在である「新意見領袖」(ニュー・オピニオンリーダー)などさまざまな分類、呼称がある。辣椒もまたこうしたネット著名人の一人だ。

興味深いのはネット論壇が力をつけるにつれ、彼らの中から商業的な成功を収めた人物が現われた点である。その一人が李《り》承《しょう》鵬《ほう》だ。スポーツ紙記者からサッカー・コラムニストに転身、さらに社会問題について積極的に発言するブロガーとして注目された。住民抗議運動があった現地を取材するなどの行動力が支持され、エッセー集がベストセラーとなった。

小説家の韓寒《かんかん》もネット論壇で人気を高めた著名人だ。2000年にわずか18歳で作家デビューし、2003年にはカーレーサーとしても活動を始めた人気作家である。小説家としての人気は陰りを見せていた韓寒だが、軽妙な社会風刺を得意とするブロガーとして再ブレイクを果たす。ブログのアクセス数は中国でもトップクラスで、2010年には米外交誌フォーリン・ポリシーが選ぶ「世界の思想家百人」に選出されるなど、中国の新世代を代表するオピニオンリーダーとして海外からも注目される人気タレントとなった。ブログをまとめたエッセー集が大ヒットとなったばかりか、大手企業のテレビ広告に次々と出演するなど、活躍した。

そして日本人セクシー女優の蒼井《あおい》そらもネット論壇をきっかけに中国で人気となった。2010年4月、中国で青海《せいかい》地震が起きた。その際、蒼井そらは公式サイトで画像を販売し、売り上げを義援金として送っている。これが中国のネットで取り上げられ、徳と才能を兼ね備えた蒼井そら老師（老師は中国語で先生の意）としてもてはやされるようになる。

日本のアダルトビデオは中国でも人気があったが、中国は毎年のように反低俗キャンペーンを展開し、海賊版アダルトビデオの取り締まり、セクシー女優のイベント出演禁止などを行なってきた。だが「低俗な」セクシー女優のほうが、よっぽど中国政府よりも徳があるではないか。中国ネットでの持ち上げは、もともと政府への当てこすりが出発点だったわけだ。

ネット論壇での人気が高まった蒼井そらはその後、微博開設、イベント出演、ショートムービー出演、歌手活動と本格的な中国での芸能活動を展開している。蒼井の微博フォロワー数は２０１５年７月現在で１５００万人に達している。日本の芸能人のツイッターでは有吉弘行《ありよしひろいき》のフォロワー数が最多で４５０万人を数えるが、蒼井の中国人ファンはその三倍に上る。

中国では日本のアダルトＤＶＤが海賊版として流通しており、人気のセクシー女優も少なくない。アダルトＤＶＤの需要としては蒼井以上の人気を持つ日本人タレントも少なくないが、一般的な知名度や人気という意味では蒼井を超える者はいない。そのきっかけがネット論壇というのはなんとも興味深い。

微博がもたらす「市民の勝利」

次第にプレゼンスを高めていった微博だが、その力が大きく知られるきっかけは、2010年の宜黄《ぎこう》事件だろう。地方政府による暴力的な強制土地収用が行なわれた江《こう》西《せい》省撫州《ぶしゅう》市宜黄県で、抗議する住民三人が焼身自殺をはかり一人が死亡した。事件の2日後、被害者家族が香港フェニックステレビに出演し窮状を訴えるため北京《ペキン》市に向かおうとしたところ、地元政府関係者が空港で妨害した。同行していたフェニックステレビ記者はこの一件を微博で中継し、社会が注目する大事件となった。その後、抗議者の家族は自らの微博アカウントを開設し、焼身者の容態を報告した。同情の声が高まるなか、政府は抗議者を北京市の病院で治療させるとの温情《おんじょう》を示したほか、事件の約1カ月後には宜黄県トップの共産党書記を解任している。

農村や旧市街地で土地収用を行ない開発をする。これこそが地方政府にとっての打出の小槌《こづち》であった。土地の権利者をいかに黙らせるかが官僚の腕の見せ所だ。失業者の青年を雇って家の前で大騒ぎさせる、電気や水を断《た》つ、家にサソリを投げ込む、ブルドーザーで無理やり家を壊す、学生を雇って警官の格好をさせて動員する。考えられるかぎりありとあらゆる地上げの手法が使われた。世間に知られることはなく泣き寝入りとなることがほとんどで、政府は市民の権利を守ると繰り返すがいつも空手形《からてがた》で終わっている。この状況を風刺した辣椒の漫画がある。ハゲタカに食い荒らされて命を落とした農民。そこに温家宝《おんかほう》前首相が「すまない。来るのがまた遅かったようだ」との名台詞《セリフ》で登場している。この台詞はもともと2005年1月1日の陳家山炭鉱での発言だ。同地では前年末に166人が死亡する炭鉱事故が起きている。温前首相は坑内で労働者と一緒に食事をしながら、この名台詞を発したという。「影帝《インディ》（俳優王）」と呼ばれる温前首相の真骨頂《しんこっちょう》と言えようか。大事件が起きるたびに首相は陣頭指揮をとることになるが、ネットユーザーからは「また遅れたのか」と揶揄《やゆ》されている［図9］。話が横道にそれたが、泣き寝入りばかりが続いていた強制土地収用問題だが、微博の力を使うことで市民が勝利する異例の事態をもたらした。

〔図9〕あざといパフォーマンスっぷりに「影帝（俳優王）」と揶揄される温家宝前首相。ハゲタカに食い荒らされ土地を奪われてしまった農民の元に「すまない。来るのがまた遅かったようだ」との名台詞で登場している

微博がもたらした「市民の勝利」はこれだけではない。2011年7月23日には日本でも大きく取り上げられた温州《おんしゅう》高速鉄道衝突脱線事故が起きた。激しい落雷によって浙江《せっこう》省温州市の高速鉄道で信号機が故障、高速鉄道同士が衝突し一部車両が高架《こうか》から転落した。この惨事は注目を集め、初報から救出作業の一挙一動にいたるまで、微博でリアルタイムに中継される劇場型事件となった。高架から宙づりになっていた車両が切り離され地面に落とされれば、「中に生存者が残っていたのでは？　こんな短時間で確認できたのか？」と批判の声があがり、また人命軽視の高速鉄道建設や技術的欠陥《けっかん》など背景についても、盛《さか》んに議論された。

こうした微博中継の中でも特に関心を集めたのが、列車の埋め立てだ。海外メディアの取材も殺到《さっとう》するなか、都合の悪い事実を覆《おお》い隠そうとするものだとの見方が一般的だった。中国鉄道部報道官は批判を受け、「埋め立ては救出作業を効率よく行なうためだと現場から説明されている。信じるか信じないかはあなたの自由だが、私は信じる」と釈明したが、この言葉は笑いものになり、ネット流行語となった。辣椒もこの事件に関する作品を発表している［図10］。高速鉄道事故の真相は政府によって隠

〔図10〕2011年の温州高速鉄道衝突脱線事故。真相は検閲制度の壁に隠されている

されている、列車が本当にぶつかったのは検閲の壁だという風刺だ。

事件への注目が冷《さ》めやらぬなか、当局は国内メディアに高速鉄道事故に関する報道を禁止すると通達したが、微博の熱気は収まらなかった。それどころか、通達によって掲載が禁止された新聞記事が流出し微博で拡散されるという一幕もあった。ＮＨＫの報道番組「クローズアップ現代」は特集「〝ネット反乱〟の衝撃～中国鉄道事故の舞台裏～」で事故を取り上げた。出演した加藤青延《かとうはるのぶ》解説委員は「今回の高速鉄道の事故というのは、図らずもそうした中間層の声が、共産党の指導方針も変えうるという、新しい政治の構図を中国に芽生えさせたことになるのではないか」と評している。まさに中国のネットで広がる熱気をそのまま日本に伝えた言葉だったと言えるだろう。

さらに8月には大連《だいれん》ＰＸ事件が、同年末には広東省の陸豊《りくほう》市で烏坎《うかん》事件が起きる。前者の大連ＰＸ事件とは、石油プラントの移転を求めた抗議運動である。ＰＸとは化学繊維や樹脂の材料となるパラキシレンのことだ。石油プラントの毒性を象徴する物質として忌避《きひ》されている。

２０１１年8月8日、高潮《たかしお》によって遼寧《りようねい》省大連市の化学プラント付近の堤防が破《は》損《そん》した。この一件を取材中の新聞記者が、工場警備員によって殴打《おうだ》される事件が起きた。同化学プラントは前年に二度にわたる爆発事故を起こし、人々に不安を与えていたこともあり、堤防破損と殴打事件をきっかけに市民の不満は一線を越えて直接行動につながった。微博やＳＮＳによって抗議集会参加を呼びかけるメッセージが広がり、14日、１万人を超える市民が市庁舎前に詰めかけ工場移転を訴《うつた》えた。ついに大連市トップの共産党書記が広場に現われ、パラキシレン製造の即時中止と速《すみ》やかな移転を約束したのである。

後者の烏坎事件は、共有地の使用権譲渡に関する烏坎村の村民委員会トップの横領を発端とした事件だ。真相究明を訴えていた村民のリーダーが逮捕され拘束中に急死した。それをきっかけに態度を硬化させた村民がバリケードを築き村に立てこもり、その周囲を数千人もの武装警察隊が包囲するという籠城《ろうじよう》戦の様相《ようそう》を呈した。そして、この状況はインターネットを通じて世界に発信され、多くの支援の声が寄せられた。約10日間にわたる籠城の末、地元当局は村民委員会の解任と普通選挙による新たな村民主主義を手にした」とネット論壇では烏坎の勝利を高く評価している。民委員会の設立を約束するにいたった。「抵抗運動の末、ついに選挙権を、

「野次馬こそ力なり」。ネット抗議、勝利の方程式

こうしたネットの運動には独特のルールがある。というのも訴えに譲歩するか否《いな》かは政府の胸一つ。無視したりもみ消したりあるいは弾圧するほうが得なのか、それとも譲歩して温情を示したほうがいいのか、政府はソロバンをはじいている。だから抗議側はもみ消しのコストは高くつくことを示さなければならない。そのために必要なのが人々の注目だ。注目を集めれば集めるだけ政府のコストは高くつく。

この構造を端的に示しているのが「囲観就是力量（野次馬こそ力なり）」という流行語である。深い理解を示したりコミットする人間を集めるのでは数が足りない。野次馬気分でいいから、ともかく注目する人間を増やさなければならないのだ。

かくして、さまざまな手段で関心の調達が試みられる。典型的な例が「妊婦、老人、子どもが殴られた」というデマだ。強制土地収用、ストライキと警官隊の揉《も》み合

い、屋台の取り締まり……これらの事件が問題となる時、妊婦や老人、子どもが暴行されたというエピソードがつきものだ。弱者に暴力が振るわれた話には、多くの人が同情し注目が集まる。

凄惨《せいさん》なエピソード以上に力を持ったのが、思わず笑ってしまうようなジョークやポップな表現だ。たとえば前述したとおり温州高速鉄道衝突脱線事故での「信じるか信じないかはあなたの自由だが、私は信じる」との報道官コメントをもじった発言は「高速鉄道文体」と名付けられ、さまざまなパロディがネットに書き込まれた。

「高速鉄道事故は当局とは関係ない。乗った人が悪いのだ。これが事故の最終報告である。信じるか信じないかはあなたの自由だが、私は信じる」「サッカー中国代表はワールドカップに出場できる。信じるか信じないかはあなたの自由だが、私は信じる」「今日北京に渋滞がなかった。信じるか信じないかはあなたの自由だが、私は信じる」

単なる冗談や悪ノリにしか思えないが、これが当局に対する圧力となる。温州高速鉄道衝突脱線事故から約3週間が過ぎた後、中国鉄道部は報道官が解任されたことを発表した。失言を「＊＊文体」としていじるのはネット運動の典型的なパターンの一つである。

文章ではなく画像のパロディもある。２０１１年６月の「空を飛ぶ県幹部事件」が代表例だ。県政府公式サイトに地方を視察する幹部の写真が掲載されたのだが、一目でばれるようなちゃちな合成写真だった。ネットユーザーはその写真を題材として、「県幹部、火星に行く」など無数のパロディ写真を作りネットで拡散させた。

また「人肉捜索」という手法もある。恐ろしい字面だが、「ネットユーザーの協力によって個人情報を特定したり過去の問題を暴くこと」という意味だ。性格や事情を知っている関係者、ネットの情報を精査《せいさ》する人、多くの人々の協力によって過去が掘り起こされ、炎上するネタを捜し出されてしまう。よく知られているのが２０１２年の手表哥《シヨウビヤオグー》（腕時計アニキ）事件だ。高速道路で寝台バスとタンクローリーが衝突、36人が死亡する事故が起きたが、現地を訪れた陝西《せんせい》省安全生産監督管理局の楊達才《ようたつさい》局長が満面の笑顔だった写真が公開され、ネットユーザーの反感を招いた。人肉捜索が展開されたところ、楊局長が過去の写真でいくつもの高級時計を身につけていることが発覚した。「腕時計アニキ」なるあだなをつけられ、ネットの注目の的となった。この騒ぎに汚職を取り締まる共産党紀律委員会が動いた。自宅を捜索した結果、83個もの高級腕時計が発見され、収賄罪、巨額財産来源不明罪（正当な収入では説明できない財産を持っていた罪）などで懲役14年の判決を受けた。

そして漫画もまた人々の注目を集める力を持っている。中でも人気を集めた漫画家が辣椒だった。彼の漫画は事件の急所を一枚で切り取り、あるいは思わず笑ってしまうようなユーモアを使って人々の注目を集めた。特に話題となったのが陳光誠解放を訴えるイラスト［図5（口絵）］だ。

陳は病気で幼少時に失明したが、法律知識を学び農民の支援や障害者権利擁護の活動に従事。「盲目の弁護士」と呼ばれた。山東《さんとう》省臨沂《りんぎ》市での一人っ子政策違反者に対する強制中絶、不妊手術強制の実態を公表したことで当局の怒りを買い2006年に有罪判決を受けた。2010年末に出獄するがその後も自宅軟禁《なんきん》状態が続いたため、中国のネットでは「陳光誠を救え」との自由光誠運動が盛り上がりを見せた。そのシンボルとなったのが辣椒のイラストだ。このイラストはネット掲示板やツイッター、微博で大量に転載されただけではない。印刷して車に貼る、チラシとして配るなど現実社会で活用した人も現われた。

都市中産層の台頭と、環境意識の高まり

ここまでネット論壇の誕生と、その力について取り上げてきた。本章冒頭で述べたように、改革への期待はなにもネットにとどまるものではない。中国経済の成長に伴い、都市中産層が誕生したことも重要である。

都市中産層とはなにか。中国では社会主義国としてすべての国民は原則的になんらかの単位（所属機関）に配属されていた。都市住民の多くは国有企業という単位に所属している。企業というが、その単位は単なる仕事場ではない。住宅から子どもの保育園、学校まですべてを保証する存在であり、生活のすべては単位を基準としていた。

しかし、1978年の改革開放以後、民間企業の登場によって、かつての原則は崩れていく。特に2001年の世界貿易機関（WTO）加盟が変化を加速させた。さま

ざまな分野で「国退民進」（国有企業の退出と民間企業の隆盛）が進み、民間企業、外資系企業が次々と誕生した。かくして単位に所属しないサラリーマン層、すなわち都市中産層の数が急速に増えていく。

中国経済の新たな担い手となった都市中産層だが、その待遇は旧来の国有企業従業員と比べてけっして恵まれたものではなかった。前述したとおり単位はすべての面倒を見てくれる存在だ。給与の額面では民間企業のほうが上でも、さまざまな福利厚生を加味すれば国有企業のほうが恵まれているケースも多い。

余談だが、中国人と会話すると、日本人ならば遠慮して聞かないような給料についての話題があがることが多い。「うちの月給は」と臆面もなく答える人が多いのだが、実は月給と本当の収入はかけ離れていることが多い。給料以外にもさまざまな収入が存在するためだ。中国語で「福利《フーリー》（福利厚生）」というが、トイレットペーパーやシャンプー、せっけんなどの日用品の支給から始まり、中秋には月餅の支給、燃料費やらさまざまな名目での手当、さらに旧正月前のボーナス、住宅購入補助などが与えられる。豊かな暮らしをしている中国人に月収を聞くとあまりの低さに驚くこともあるが、月収の数字だけでは実際の所得水準はわからないのだ。

閑話休題。都市中産層は中国経済の新たな担い手でありながら、手にした権利は明らかに不十分なものだった。しかし一党独裁の中国には、自分たちの権利を要求・獲得していくルートは用意されていない。それゆえに彼らは社会問題にきわめて敏感で、ネットを通じて自らの要求を打ち出していく社会グループとなった。

国家丸抱えの暮らしではないだけに意識を先鋭化させていった都市中産層、彼らの最大の関心事は財産の保障と環境問題だった。まず前者について説明しよう。

中国では1980年代から始まる不動産改革により住宅の購入が容易となり、マイホーム・ブームが始まった。バブル崩壊以来住宅価格が上がらぬ日本と違って、買えば必ず値上がりする状況が長年続いていた中国では、不動産は都市中産層に可能な最良の投資でもあった。ゆえに都市中産層にとって財産の大半はマンションとなり、これをいかに守るかが最大の関心事となった。

政府のトップダウンですさまじいスピードの都市開発が進む中国では、住民の不動産を召し上げる土地収用が行なわれるが、その補償金をめぐる争いが頻発《ひんぱつ》した。自らの権利を守るために長期にわたり籠城して抵抗するケースも珍しくない。その象徴とも言えるのが２００７年、重慶《じゆうけい》市の立ち退《の》き拒否事件だ。

巨大な団地の造成が進むなか、立ち退きを拒否した一軒だけがまるで陸の孤島のように取り残された。基礎工事のために周囲は掘り起こされ、まるで塔のようになっている。この異様な光景の写真がネット掲示板を通じて話題となり、最終的には世界中のメディアが現地に押し寄せた。

２カ月にわたる籠城戦の末、立ち退き拒否住民と開発業者は合意し事件は収束《しゆうそく》する。立ち退き拒否住民は他の住民とはそう変わらない条件の代替住宅が与えられる一方で工事遅延の罰金を払わされたと発表されたが、水面下では二千万元とも言われる多額の補償金が支払われたという。強烈な画像で世界中のメディアを「野次馬」とした住民の勝利である。

同年には財産権の帰属と保護を定めた物権法が制定されたこともあり、重慶の立ち退き拒否事件は人々の権利擁護意識を高める契機となった。中国語では立ち退き拒否住民のことを「釘子戸《ディンズーフー》（釘で打ちつけられたように動かない住民）」というが、２００７

年以後、「釘子戸」をめぐる事件は激増の一途をたどる。

頻発する環境デモ

そしてもう一つの関心事が環境問題だ。大気汚染、水質汚染、都市部の化学プラント、ゴミ焼却場、さらに重金属汚染や残留農薬などの食品安全などなど。健康被害が知られるにつれ、汚染問題は都市住民にとって最大の関心事の一つとなっていく。汚染は地域住民にとっては共通の課題であり、また健康という直接的な問題と直結している。そのためネットにとどまらない現実の住民運動へと発展するケースが多い。

その嚆矢《こうし》とされるのが2007年の廈門《アモイ》PX工場反対事件だ。福建《ふっけん》省廈門市で石油プラントが建設されることに反対した住民たちは「散歩」と呼ばれる形式の抗議活動を展開する。デモを申請しても許可される可能性はきわめて低い。そこで「たまたま同じ場所を散歩していた。たまたま全員が黄色いリボンをつけていた」という建て前で市庁舎前に集まり、シュプレヒコールを上げることもなく静かに住民の意思を示した。抗議活動により化学プラント建設計画は撤回《てっかい》に追い込まれる。この「散歩」方式はこの後も踏襲《とうしゅう》され、２００８年には上海市のリニア延伸計画の撤回にも成功している。

他にも代表的な例をいくつか紹介しよう。２０１２年７月には四川《しせん》省の什邡《しゅうほう》市で銅モリブデン精製工場反対デモが起きた。高校生による平和的なデモを警官隊が暴力的に弾圧、これに憤《いきどお》った住民たちが一万人規模のデモを展開し、工場建設を撤回に追い込んだ。この事件は民主化を支持するネットユーザーの多くに強い感銘《かんめい》を与える事件となった。中国の人気作家・コラムニストにしてネットオピニオンリーダーの韓寒は「中国の未来を担う若人が市民意識を備えていることが証明された」と喜びを露《あら》わにしている。

そしてもう一つ、やはり２０１２年７月には江蘇《こうそ》省の啓東《けいとう》市で日本企業・王子製紙の工場排水パイプラインに反対する大規模な環境デモが起きている。南通市経済技術開発区に開設した王子製紙工場だが、建設認可にあたっては排水を技術開発区近場の長江《ちょうこう》に流さないことが条件となっていた。そこで百キロ以上にわたるパイプラインを引き、啓東市から海に直接流すこととなった。このパイプライン稼働《かどう》を前に若者たちが「自分たちの近海を守れ」と抗議のデモを呼びかけ、広範な参加者を集めた。市庁舎前に集まったデモ隊は暴徒化、市庁舎になだれ込んだばかりか、説得のために現場に駆けつけた啓東市トップの服をはぎ取り、無理やり「反汚染」と書かれたTシャツを着せる騒ぎとなった。暴徒と化した民衆が官僚を吊し上げる。まるで革命のような光景が展開された。

また食品安全問題も政府に対する不満につながりやすい。政府の力不足というだけではなく、官僚が「保護傘《バオフーサン》（後ろ盾）」になって違法企業を守っているという不信感もある。数々の食品問題があるなか、もっとも関心が高い問題の一つが地溝油《ディーゴウヨウ》（日本語では下水油）だ。残飯や劣化した油、動物の内臓を原料に作った油である。中国では食用油の生産量よりも消費量が多く、その差は地溝油が埋めているとみられている。２０１４年９月には中国で作られた地溝油が台湾に輸出され、さまざまな製品に使われていたことが発覚した。辣椒は、政治よりも早く下水油が中台統一を成し遂げたという風刺漫画を発表している［図11］。

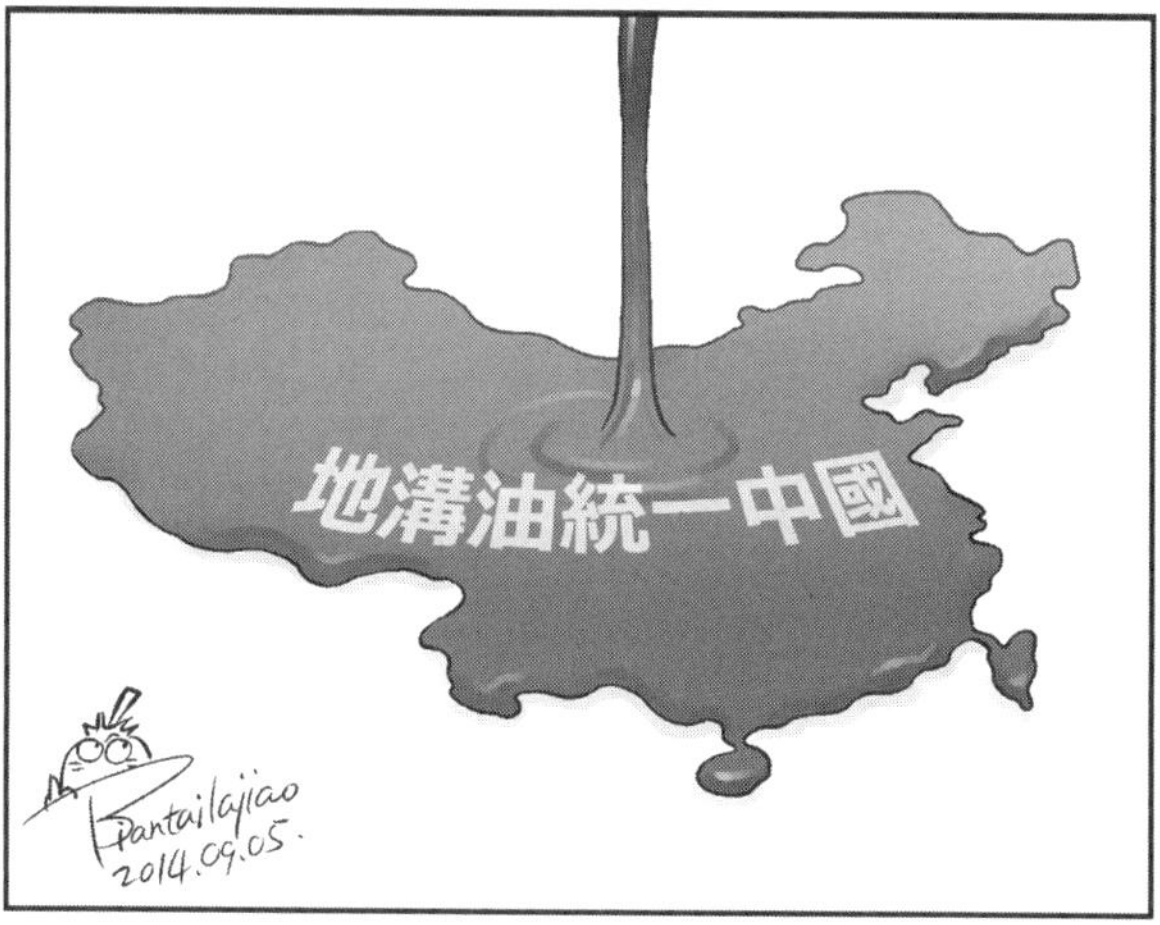

〔図 11〕地溝油（日本語では下水油）とは、残飯や劣化した油、動物の内臓を原料に作った油。2014 年 9 月には中国で作られた地溝油が台湾に輸出され、政治よりも早く、下水油が中国統一を成し遂げたという風刺

機能不全の共産党支配、体制内改革と習近平への期待

本章ではここまでネット論壇と都市中産層について紹介してきた。数々の事件が証明しているとおり、その力は数々の勝利をもたらしている。しかしながら、中国共産党が強力な軍を掌握《しょうあく》している以上、最終的には体制が譲歩しないかぎり政治体制の変革は実現しえない。中国共産党は1989年の天安門事件以来、民主化を求める声を「和平演変《フピンイエンピエン》（平和的体制転換）」と呼び、中国共産党に敵対する思想とみなしてきた。その意味では社会がいくら変わろうとも、政治改革に対する期待は絵に描いた餅に過ぎない。

だが注目すべきは、習近平体制誕生前夜、体制側からも改革が必要だとの声が上がっていた点だろう。その背景にあるのは共産党統治の機能不全だ。

中国には「群体性事件」という言葉がある。集団での陳情、集会、請願、デモ、ストライキ、暴動などを総称したものだが、事件数は年々右肩上がりで増加している。中国社会科学院『2013年版社会青書』では、前年比30％増のペースで増え続け、ついに10万件を突破したことが明らかにされた。これはまさしく現行体制の機能不全

を意味している。その問題点は官僚の腐敗、司法に対する不信、調停機能の欠如に集約される。

中国では各級地方自治体トップは「一把手《イーバーショウ》（すべての権限を掌握する者）」と呼ばれる。あらゆる行政権限から司法、警察のすべてにいたるまでその意向が強く反映される。上級政府が監督することになっているとはいえ、現実的には小さな独立王国を築いているようなものだ。特に問題は国民と直接向き合う農村や郷、居民委員会のトップ、さらには郵便局や銀行、工場などの国有企業幹部まで自らの管轄内では絶大な権力を持ち、腐敗《ふはい》している。

たとえば学校給食担当者が仕入れ先から賄賂《わいろ》をもらい、賞味期限が切れた劣悪な食事を子どもたちに提供する……といった日常的な腐敗があふれているのだ。小さな話と思われるかもしれないが、この問題に頭を悩ました中国政府は２０１２年に「小学校校長は子どもたちと同じ給食を食べなければならない」との通達を出している。同じものを食べるのであれば変な給食は出せないだろうという発想だ。こうした末端の腐敗は大官僚が数千億円もの蓄財をしていることに比べればかわいいものかもしれないが、実際の生活に直結している問題だけに国民の怒りは深い。

こうした官僚の汚職は司法に対する不信を引き起こしている。中国でも政府の問題を訴える行政訴訟は可能だが、司法は共産党と政府の影響下に置かれているため、政府に不利な判決を出すことはほとんどない。選挙と司法という近代的民主主義国家には不可欠な権力の暴走を止めるためのツールが中国には存在しない。

そのため政府に対して自らの要求を認めさせるためには、なんらかの行動に出るしかない。インターネットの普及後はやや穏当な、しかし政権にとっては強力な圧力となるネットでの運動があることはすでに紹介した。それ以外の方法といえば人を集めて騒ぎ立てること、すなわち群体性事件を起こすしかない。集会を開いたり、市庁舎前で抗議したり、あるいは道路を占拠したり。さまざまな形での騒動を起こして圧力をかけていく。まさに調停機能の欠如こそが群体性事件急増の理由となっている。

現行制度内での改革、立憲主義と法治

このまま行けば中国共産党の支配が持たないのではないか。こうした危機感から、上からの政治改革が必要との声が体制内からも上がり始めた。部分的でも民主的選挙を導入すれば、監督機能は強化されるのではないか、国民の政治への信頼は回復されるのではないかとの考えだ。隣国ベトナムは、共産党独裁体制を維持したままで選挙を導入している。選挙候補者自体は与党が選出するが、その後は通常の選挙で当選者が決まるという仕組みである。マスメディアがベトナムの選挙の仕組みを詳細に伝え、研究者が中国への適用の可否を議論するなど注目を集めた。

また現行制度の枠内での改革を模索《もさく》する動きもあった。立憲主義と法治を求める取り組みだ。現状の中国の憲法、法律の枠内でも厳格に運用することで権力の暴走が抑止可能だとの考え方だ。一言に改革といっても民主化から社会福祉の充実、そして法治・立憲主義とさまざまな流れがある。外から中国を眺めると現状批判勢力として一つのものとして見てしまいがちだが、そこには大きな違いがある。感情的な理想論が強くなるネットの議論では、中国共産党の独裁打破《だは》と民主化を期待する論が強く、ネットの住民たちも支持する体制内の改革派知識人、言論人、官僚はむしろ現行の憲法、法律を活用しての漸進《ぜんしん》的改革派が主流を占める。両者の立場を突き詰めれば明らかに矛盾する局面もあるのだが、そうした差異《さい》はあまり強く認識されず、民主化を期待するネットユーザーもぼんやりと改革派を支持する構造があった。

法治の立場から具体的な改革に取り組んだ人物として浦志強《ほしきょう》弁護士が挙げられる。中国には労働教養制度と呼ばれる行政罰があり、裁判にかけることなく最長で4年もの間、拘束し労働を強制することができた。形骸《けいがい》化した裁判よりもさらに手軽に刑を科すことができるため、地方政府は意に沿《そ》わぬ人物を拘束する手段として乱発していた。

浦弁護士は同制度が裁判を経《へ》ずして人身の自由を奪うことは許されないという憲法の規定に違反するものだとの主張を続けた。同制度は2013年に廃止されるが、浦弁護士の取り組みが大きな力となった。その後、同氏は「双規《シユワングイ》」の廃止運動に取り組む。「双規」とは中国共産党紀律部局が党紀違反の疑いがある共産党員を司法手続きなしに拘束、訊問《じんもん》できるというものだ。過激な拷問によって死亡したケースも少なくない。この双規もまた憲法違反であり廃止するべきと浦弁護士は主張した。この試みは紀律部局による人権侵害を防ぐだけではなく、共産党の規定が法律・憲法に優先するという中国の政治体制の根幹をも問うものであった。

ここまで見てきたように、既存政治体制の機能不全は体制側にも意識されているものだった。本章で取り上げたネット抗議運動や環境デモはその多くが２０１１年から２０１２年に集中していることに気づかれた方もいるかもしれない。習近平体制が発足したのは２０１２年11月。まさに現行体制の機能不全と社会不満が頂点に達したタイミングでの政権交代となった。なんらかの対応が必要なことは明らかだった。その処方箋《しょほうせん》として政治体制改革が選ばれるのではないかという期待は、けっして小さなものではなかった。

こうした期待を後押しする傍証もある。習近平の父親は中国元勲《げんくん》の一人、改革派として知られる習仲勲《しゅうちゅうくん》だ。また習近平世代は文化大革命時代に青年期を過ごしている。習近平も反動学生として陝西省延安《えんあん》市に７年間にわたり下放された経歴がある。父の遺志を継ぐ改革派なのではないか。権力の暴走に苦しんだだけに政治改革に本気で取り組もうと考えているのではないか。ほとんど根拠がないにもかかわらず、期待ばかりが高まっていた。

この状況を辣椒が風刺漫画として描いている［図12］。「自由平等」「憲政民主」「現代の名君」と書かれた顔出しパネルごしに勝手に習近平をあてはめて喜ぶ人々の姿だ。共産党の支配が盤石である以上、上からの改革に期待するしかないとはいえ、その姿は滑稽《こっけい》に映る。

そして、期待とはまったく違った形で習近平体制は改革を進めていく。それは政権批判の原動力として機能したネット論壇と都市中産層を体制内に取り込み簒奪するものであり、ネット世論に推戴される「皇帝」として習近平が君臨する新たな社会だった。

〔図 12〕習近平総書記の誕生前、「習近平は名君に違いない」「自由、平等、憲政、民主などの人権をもたらしてくれるのではないか」と根拠のない期待が高まっていた。自ら改革を勝ち取るのではなく、ただひたすら名君の誕生を待つ心性を、辣椒は奴隷根性、愚民と厳しく批判している。セリフは「ぴったりだ！　間違いない」

第二章　奪われた「ネット」という陣地

辣椒《ラージャオ》が語る「習近平政権とネット論壇」

――2012年秋に習近平体制が誕生しました。期待と不安が入り乱れるなかでのスタートとなりました。2015年現在では言論弾圧、思想統制、人権派弁護士の逮捕と反動的な姿勢が明確になっていますが、当初は静かなスタートでした。

辣椒 そうでしたね。習近平が期待させるよううまく振る舞ったこともあるのでしょうが、中国人がいつも英明《えいめい》な専制君主の登場を待望しているという側面もありますね。奴隷《どれい》根性と言ってもいいかもしれません。中国共産党の歴史をひもとけば、民衆の期待はいつも裏切られるということはすぐわかるのですが。私はまったく期待しませんでしたが、知識人の間にも習近平への期待はありましたね。本当にがっかりしました。

習近平は登場後、質素倹約節約の党紀引き締めキャンペーンを展開、その後に反汚職運動に取り組みます。特権階級である官僚がやり込められたわけですから、一般大衆は一気に習近平支持に傾《かたむ》きました。

――習近平体制発足から3年近い今でも庶民人気は高いと感じます。反汚職運動で得た人気をさまざまな形で拡大させてきた印象です。

辣椒　ネット論壇は共産党が支配する中国を厳しく批判してきました。日本でもかなり報道されたそうですね。ですが、2012年以後、中国共産党がネット管理で大成功を収めたことはあまり知られていないでしょう。

いわゆるサイバー万里の長城、「GFW（グレート・ファイヤー・ウォール）」はバージョンアップを繰り返して進化しています。検閲を回避することは可能ですが、ハードルは大きく上がりました。ネットに詳しくない普通の人にとっては一苦労ですよ。私はもう中国人向けに漫画を発表することはあきらめました。ごく一部の人しか読めないからです。中国国内に住む普通の人に広く届けることはもう不可能でしょう。

しかも中国政府はネット論壇の手法を模倣《もほう》して、若者の心をつかむことにも成功しています。流行語を巧《たく》みに操《あやつ》り、説教臭くないネットスラングを活用して若者とコミュニケーションしている。萌《も》えキャラ、カワイイ、顔文字……こういった手法をすべて習得してしまったのです。
たとえば今年は愛国主義アニメ「あの時、あのウサギ、あの出来事」が大ヒットしています。かわいらしいウサギが主人公ですが、中身は共産党がいかに偉大だったかをひたすら褒《ほ》め讃《たた》える内容ですよ。愛国歴史ドラマや映画と中身は一緒です。いや、ドラマや映画よりも歴史事実の歪曲《わいきょく》が多い分、より露骨《ろこつ》なプロパガンダと言えるかもしれません。本来ならば誰も見向きもしなかった内容でしょうが、かわいらしい外面を整えただけで人気コンテンツになってしまった。これは恐るべき事態です。

――ネット論壇の手法を簒奪《さんだつ》した、カジュアルな人気取りを次々と展開する一方で、従来以上に強硬《きょうこう》な弾圧も問題視されています。辣椒さんとも面識のある人権派弁護士、活動家が次々と逮捕されています。

辣椒　友人たちが逮捕されたとのニュースを聞くたびに、胸が痛みます。浦志強弁護士は、私が事情聴取を受けた際に支援が必要かと打診してくれました。その彼が起訴されるなんて。厳しい判決になるのではないかと心配しています。彼の起訴容疑は微博の発言ですよ。ＳＮＳに書き込んだだけで、国家分裂、民族分裂を煽《あお》ったとして起訴されたのです。起訴までに１年間も拘束されているのですが、拘置所では持病の治療も満足に受けられず衰弱していると聞いています。

習近平体制は２０１３年の三中全会（第三回中国共産党中央委員会全体会議）で「依法治国」というスローガンを提出しました。法に基づいて国を統治するという意味です。このスローガンにも「やっぱり習近平は改革派だったんだ」と喜んだ人々がいましたが、あまりにも愚《おろ》かです。中国共産党にとって法律などいくらでもねじ曲げられるものです。

たとえば先日逮捕された活動家の呉淦《ごかん》（ハンドルネームは屠夫）ですが、罪を認めなければ父親を有罪にするとおどされたのです。実際に父親も逮捕されています。これが法治国家のやることでしょうか。「依法治国」なんてとんでもない。「依習治国」

（習近平の思いどおりの統治）が実態です。

――なるほど。辣椒さんご自身はこうした変化をどのように感じられていたのでしょうか。

辣椒　習近平で中国が良い方向に変わる。私はそんな幻想とは無縁でしたし、むしろ中国の未来には悲観的でした。弾圧が強化されていくと、いつ警察が、国家安全保障局がやってくるかわからない、明日にも逮捕されるかもしれないと毎日怯《おび》えていました。残念ながら自分の直感は正しかったように感じます。

自分の力とネット論壇に限界を感じるなか、漫画の表現を抑制する自主検閲をしたこともあります。それでも中国共産党は私を許しませんでした。私の微博アカウントを閉鎖《へいさ》して表現の場を奪い、仕事であったネットショップを閉鎖し生活の糧《かて》を奪い、そして官製メディアで「漢奸（売国奴）」と批判し祖国を奪ったのです。

もはや私に帰国する選択肢はありません。中国共産党が支配するかぎり、中国に足を踏み入れることはないでしょう。

「仕事態度の改善」から始まった

習近平は改革派なのか、あるいは旧体制の擁護《ようご》者なのか。思想統制を徹底したかと思えば、法治の徹底を発表する。二面性のある態度に期待を抱き続けた人もいる。国民を催眠術にかけているかのようだと辣椒は言う。習近平が就任間もなく口にした言葉が「中国の夢」。大国中国の復活や国民所得の倍増などが具体的な目標とされているが、人々の期待をつなぎとめるためのまやかしだと辣椒は風刺した［図13］。

習近平体制の誕生から約3年がたった今から振り返れば、その性格は明らかだ。ネット世論の圧力、人々の不満といった危機を前にして、硬軟織り交ぜた政策によって共産党による支配を盤石《ばんじやく》にすること。この方針が貫徹されていることがわかる。

ネット論壇が望んでいたような改革ではなかったが、今までとは違う形で国民の支持を得ようとした点で、習近平は改革者と言えるのかもしれない。ネットという陣地を奪回せよ。これは習近平の講話の一節だ。共産党の党紀引き締め、ネット論壇の手法の簒奪、反汚職運動といった新たな手法と同時に、活動家の弾圧という古くさい手法を、今までよりもはるかに強力に実行していく。この習近平体制の特色を見てみよう。

2012年11月15日、中国共産党第十八期中央委員会第一回全体会議（一中全会）が開催され、習近平が総書記に選出された。はたしてどのようなリーダーになるのか、どんな政策を打ち出すのか、中国の人々は注目して見守っていた。

福建省、浙江省、上海市と地方でキャリアを積み、2007年の第十七期党大会（十七大）で中国共産党最高指導部である中央政治局常務委員会入りを果たした習近平だが、その人物、人柄についてはほとんど知られていない。総書記を争ったライバルである李克強《りこくきょう》が経済統計を丸暗記して記者会見に臨むなど才能あふれる秀才イメージを確立していたことに比べれば、特筆すべき点がない凡庸《ぼんよう》な人物に見える。弱点をさらせばすぐに叩かれる権力ゲームを勝ち抜くため、「能ある鷹は爪を隠す」を実践したとまで噂《うわさ》された。ともあれ、情報不足ゆえに「ひょっとしたら改革派なのではないか」と国民が勝手な幻想を抱く要因ともなっていた。

〔図 13〕習近平のキャッチフレーズ「中国の夢」。大国の復活、一人当たり GDP の倍増などさまざまな目標を内包する言葉で、正確な意味ははっきりしない。人々を騙すいつわりに過ぎないとの風刺だ。「懐中時計の軌跡をじっくりみつめてごらん。そうすればこの靴も履けるようになるから」。絶対に足に合わない靴でも履けるようになると催眠術をかけている

総書記就任から約半月後の12月初頭、習近平初の重要講話が発表された。庶民の信頼を勝ち取るために共産党の紀律をたださねばならないとする「工作作風改善」(仕事態度の改善)がテーマだ。この講話では具体的に「八項目の規定」が定められている。その概略は以下のとおり。

(1)庶民や部下と直接話し合い、彼らの苦難を解決すること。視察にあたっては随行員や公用車を減らし、接待を簡素化すること。歓迎の横断幕、市民による出迎え、草花の飾り付け、接待の宴会は控えること。

(2)会議の簡素化。中国共産党中央執行部が許可しないパーティーに出席してはならない。会議短縮のため講話は短くし、常套《じょうとう》句を使ってはならない。

(3)書類や報告を簡素化せよ。

(4)海外出張について。無駄な随行員を派遣したり、留学生による出迎えを手配してはならない。

(5)警備体制について。共産党幹部の視察の際、基本的には道路封鎖《ふうさ》など交通規制を行なってはならない。
（6）報道について。中央政治局常務委員の会議と活動は必要性に応じて報道するか否かを決定し、報道の数、文字数、時間は削減する。
（7）文章について。共産党幹部の個人的な談話集発表を禁止する。また祝電を送ったり題辞を揮毫《きごう》してはならない。
（8）勤勉節約を心がけること。住宅や公用車に関する規定を厳守すること。

会議での美辞麗句の廃止といったちゃちな内容に、思わずずっこけた人も少なくなかった。現実的な改革とは考えられず、新任のリーダーにありがちな空虚《くうきょ》な建て前ではないかという捉え方が一般的だった。

だがこの「八項目の規定」は大規模な政治キャンペーンへとつながっていく。総書記の重要講話が発表されると地方政府や企業など津々浦々《つつうらうら》の共産党支部で学習会が開催され、講話の精神を学んだ独自の対策が打ち出される。

新華社は1月4日に規定発表から1カ月の総括を報じているが、指導者の視察の際に交通規制を行なわなくなった、テレビ報道が減った、会議の生け花をやめた、書類袋を布製からプラスチックに変えたというちゃちな成果を大々的に発表している。また中国新聞出版総署は、会議ではお茶かミネラルウォーターのどちらかしか配らない、署内の会議では自分の水筒を持ってくるよう指示したと発表した。人民解放軍にいたっては「野菜の切れ端《はし》は漬け物にせよ、余ったご飯はチャーハンとして再活用せよ」と訓示《くんじ》している。

壮大な茶番劇というしかないが、しかし党紀引き締めは政権交代後にありがちなパフォーマンスとの解釈もあった。前任の胡錦濤も2006年に社会主義栄辱感なる政治キャンペーンを行なっている。「辛い労働は栄誉であり、さぼって楽するのは恥である」といった、日本の居酒屋に飾ってある「親父の小言」にどことなく似た道徳的スローガンが中国全土に張り出された。社会主義栄辱感と同じく、工作作風改善もポーズに過ぎないとの見方が一般的だったが、習近平体制の熱の入れようは予想を超えたものだった。

翌2013年9月には官僚に自己批判させる民主生活会も始まる。民主生活会は1

942年に毛沢東が提起した整風運動の流れを継ぐもので、形式主義、官僚主義、享楽主義、ぜいたくの四風を打破《だは》すべく、自己批判や党員相互の批判を促すという内容だ。習近平政権最初の民主生活会となったのは河北省《かほく》で、習近平が見守る中で河北省の幹部が自己批判するという内容になった。周本順《しゅうほんじゅん》・河北省委書記は「私は成果を出そうと焦りすぎる。また、闘志がくじけ意欲がなくなる時がある」と平謝り。ナンバー2の張慶偉《ちょうけいい》・河北省長は「人の批判ばかりしてしまう。また奢侈《しゃし》の風潮に巻き込まれ、高額な宴席を設けてしまう」と自己批判した。それればかりではなく、楊崇勇《ようすうゆう》河北省常務副省長は周委書記に対し、「決定した政策がちゃんと実行されるよう尽力して欲しい」と苦言を呈し、臧天業《しんてんごう》・河北省紀律委員会書記は張省長に「部下の報告を聞く時、我慢強さが足りない」とぴしゃり。この民主生活会は河北省だけではなく、その後全国津々浦々で実行されることになる。

学習ファン団と中国版水戸黄門

工作作風改善の重要講話の直後、習近平は広東省深圳《しんせん》市を視察する。「八項目の規定」どおり、簡素な小型バスで移動し、出迎えの市民もいないという徹底した節約ぶりだった。この視察の一挙手一投足を伝えたのが「学習ファン団」と名乗る微博アカウントだった。人民日報や中国中央電視台よりも早く情報を伝えるばかりか、掲載された写真もきわめて近距離から撮影されたものばかり。後には執務室で本を読む習近平の写真まで公開している。

「学習ファン団」は何者なのか。習近平の身近な人物によるものであることは明らかだったが、「学習ファン団」はあくまで習近平ファンの一般市民だと主張。翌年2月にはAP通信の取材に応じて、江蘇省無錫《むしやく》市で働く出稼《でかせ》ぎ農民だと自分の身分を告白している。他の習近平ファンから寄せられた情報を集めて、あたかも密着取材のように装《よそお》っていただけだと主張している。

人から得た情報をかき集めての偽装ライブ中継には、私もひっかかったことがある。2010年の反日デモの際、四川省のデモを子細に報じているツイッターアカウントがあった。「今、デモ隊が＊＊に到着した」「警官隊ともみあっている」「携帯電話の電池が切れそうだ。予備のバッテリーが買えるところがあれば教えて欲しい」などなどリアルタイムで伝えられるつぶやきは生々しい迫力があり、多くのネットユーザーが注目していた。

ぜひ話を聞きたいと取材を申し込んだところ、実は四川省から遠く離れた浙江省在住だと告白したのだった。他のユーザーが微博で公開した写真を収集、整理することで、あたかもデモ隊とともに行動しているかのように見せかけていただけだったという。特に政治的目的はなく興味本位でやっただけというが、後日警察に呼び出されてこってりしぼられたと話していた。

これと同じことをやっただけだというのが学習ファン団の言い分だが、厳戒《げんかい》態勢の総書記の近辺にファンが近寄れるとは考えづらい。お仕着《しき》せの官製メディア報道よりも、より多くの読者を集められる手法を政府が模倣したと考えるべきだろう。

さらに4月には習近平タクシー事件が起きた。4月18日、親中派の香港紙・大公報は「北京のタクシー運転手、『習近平総書記は私の車に乗った』と告白」との記事を掲載した。記事の概略は以下のとおりだ。

真夜中の北京市を走っていた鄭《てい》さんが、2人連れの客を乗せた。最近の大気汚染はひどいねなどと世間話をすると、その客は「汚染の改善は難しいが、中国人の平均寿命が延びていることにも注意しなければ。しかも政府は汚染改善に並々ならぬ決意を示している。長い道程が必要だが、先進国もまた同じく苦しい道を歩んだのだ」というお堅い答え。どうも普通の客じゃないぞと鄭さんはバックミラー越しに客の顔をまじまじと見た。

「あんた、習近平総書記に似ているってよく言われるんじゃないかい？」

「いいや、言われたことはないね。私に気がついたのは君が初めてだよ」

そう、その客は習近平総書記その人だったのだ。

なんとも芝居がかったエピソードだ。下々の暮らしを自分の目で確かめるために、高貴なお方が身分を隠して街を出歩くという漫画のような筋書きである。中国メディアも、中国版水戸黄門とでも言うべき人気ドラマ「康熙《こうき》微服私訪記」のようだと評価している。タクシーに乗るという庶民派ぶりだけではなく、市井《しせい》の人々の暮らしに配慮する名君ぶりもアピールできる。

筋書きだけではなく、香港メディアのスクープという形式も工夫されている。ネット論壇ではいかに多くの野次馬を集められるかが勝負だ。そのためには中国共産党の検閲の手が届かない海外メディアに取り上げてもらうのは有力な手段となる。国内メディアは信用しない人にも信じてもらえるという効果もある。これもまたネット論壇の手法を取り入れたものだろうか。

さて、この異例のスクープは思いもよらない展開を見せる。18日夕方に新華社が記事は誤報だったと報道し、大公報を引用した中国メディアの報道も次々と削除された。大公報もおわびと訂正を発表している。予想以上の騒ぎになったために引っ込めたのか、あるいは別の事情があったのか、真相は不明だが習近平政権が積極的にネットを利用しようとしたことを示すエピソードである。

ダンス、アニメ、アイドル……中国共産党のイメージ改善策

民衆支持の回復を狙う習近平の政策は、節約倹約などのわかりやすい党紀引き締め

やネット論壇の手法をまねたパフォーマンスからスタートした。そして現在にいたるまで、同様の一風変わった政策は続いている。

２０１４年に中国で大ヒットした楽曲として「小苹果《シャオピングオ》」がある。思わず口ずさんでしまうわかりやすいメロディーもさることながら、ヒットを支えたのはダンスだった。個人のネットユーザーや企業などの組織が自分たちが踊った動画、いわゆる「踊ってみた動画」をネットで公開し話題となった。これ自体はＡＫＢ48の「恋するフォーチュンクッキー」やＰＳＹの「江南スタイル」、ファレル・ウィリアムスの「ハッピー」とよく似ているのだが、「小苹果」が異例だったのは人民解放軍や警察までもがダンス動画の公開を始めた点にある。しかもプロの撮影スタッフを雇ったばかりか、出演者もプロのダンサーを雇い軍服を着せてハイクオリティのダンスを披露している。素人《しろうと》が自分たちで踊るのが楽しいというブームなのに趣旨《しゅし》が変わってしまっているのがなんともいえないが、ネットを通じたイメージアップが重要視された一例だろう。

２０１４年12月には「習おじさんは彭《ほう》おばさんを愛している」（彭麗媛《ほうれいえん》は習近平の妻。

人民解放軍所属の国民的歌手で中国版紅白歌合戦と呼ばれる旧正月の特番「春節聯歓晩会」の常連）という歌が話題となった。革命歌「東方紅《ドンファンホン》」の替え歌で、「習おじさんはどんな大物汚職官僚でも捕まえる、国を天下を隆盛《りゅうせい》させる」と無邪気に讃える内容だ。また2015年2月には、習近平を主人公としたショートアニメがネットで流行した。

2015年7月には、人民解放軍がアイドルグループ「五十六朶花《ウーシーリユウドウオホワ》（56本の花）」を発足させた。人民解放軍にはもともと歌手や楽隊が所属する文芸工作団という組織がある。習近平の妻、彭麗媛もメンバーの一人で、少将という階級を持っている。人気歌手も多いが、革命歌や軍歌など若者向けではない楽曲が中心だ。おそらく若者向けの文芸工作団が必要との判断で、「五十六朶花」が結成されたようだ。「世界一のアイドル」を目指すと公言している。人民解放軍芸術学院舞踏学部所属の女子大生を中心に50人以上のメンバーが所属するアイドルグループの誕生は、「中国版AKBだ」「明らかな模倣」などと酷評《こくひょう》されている。この中国版AKBがどれほどの人気を得られるかは未知数だが、なりふり構わず次々と新たなアイディアを実行していることが、おわかりいただけるのではないだろうか。

政府支持系ウェブメディアの歴史

民衆支持を集めるためのさまざまな施策《しさく》、その中には中国共産党支持の御用ブロガーの育成も含まれている。ネット論壇のオピニオンリーダーや公共知識人を参考に、政権寄りのオピニオンリーダーを作り出そうという試みだ。

習近平体制以前にも、政府寄りのネット掲示板やメディア、言論人は存在した。一定の人気を得ていたものの、ネット論壇ほどの影響力は持ち得なかった。新時代の御用ブロガーについて紹介する前にまず旧来の政府支持系ウェブメディア、著名人を紹介しよう。

もっとも初期に成立した政府支持の言論プラットフォームは人民日報麾下《きか》のネット掲示板、「強国論壇」だ。１９９９年の北大西洋条約機構（ＮＡＴＯ）によるコソボ空爆で中国大使館が誤爆された事件があったが、これを機《き》に設立された「強烈抗議ＮＡＴＯ暴行ＢＢＳフォーラム」を前身としている。愛国主義的な言説が飛び交《か》い、毎日のように日本製品ボイコットを呼びかける書き込みがある一方で、政府高官とネットユーザーのチャット交流イベントも行なわれるなど政府との強いパイプを誇示《こじ》してきた。イベント参加者には胡錦濤、温家宝などそうそうたる名前が並ぶ。もっともネット掲示板が影響力を持つためには、書き込みが他の掲示板に転載されていく必要がある。強国論壇は一部の愛国者のたまり場にこそなったものの、それ以上の「野次馬」を集める力は持たなかった。

続いて台頭したのが2007年創設の「環球網《ホワンチョウワン》」だ。母体となったのは人民日報社麾下の日刊紙「環球時報」だ。もともと世界各国のニュースを翻訳、紹介する新聞だったが、次第に愛国主義の色彩を強め、過激なコラムの掲載が増えていく。2010年に劉暁波がノーベル平和賞を受賞したが、「外国による内政干渉だ、中国は中国自身のノーベル平和賞を作ればよい」とのコラムが掲載され、実際に孔子《こうし》平和賞が誕生して話題となった。

同紙の愛国主義路線は商業的にも成功を収め、発行部数は中国の商業紙として最多である。2005年に就任した胡錫進《こしやくしん》編集長はネット論壇やオピニオンリーダーを激しく批判する筆致《ひっち》で、中国を代表する「御用知識人」として知られている。ネット版である環球網が創設されると、記事のコメント欄はネット掲示板的なにぎわいを見せ、強国論壇に代わって愛国主義者の新たなたまり場となった。

「環球網」の翌年に誕生したのが「アンチCNN」だ。同年3月に起きたチベット騒乱は欧米メディアで大きく取り上げられたが、海外メディアの報道は偏向していると抗議する目的で、若者たちが立ち上げたサイトである。サイト創設が4月だったため、若者たちは「四月青年《スーユエチンニエン》」と呼ばれることになった。

軽快な音楽をBGMにCNNの間違いをあげつらう動画を作成したり、海外のニュースサイトやブログに反論コメントを書き込んだりするなどの活動を展開した。2010年には「四月網《スーユエワン》」と改名し、ベンチャーファンドの出資も受け、愛国主義路線のネットメディアとして再スタートを切った。表向きは若者の自発的な愛国主義運動だが、実は中国政府が陰ながら支援していたとも伝えられている。

他にも市場化改革に反発する左派が集う「烏有之郷《ウーユウジーシャン》」は特筆に値する。設立は2003年と古いが、2010年に薄熙来《はくきらい》重慶市委書記とのつながりで一気に知名度を高めた。薄は「唱紅《チャンホン》」（革命歌歌唱）運動や革命旅行などのキャンペーンを展開し左派の支持を得ようと画策していたが、まさに烏有之郷の読者がターゲットとなった。烏有之郷の読者が重慶市革命史跡に招かれ、またサイトには薄を讃える投稿記事が日々掲載されるなど、その癒着ぶりは明らかだった。薄の失脚後、同サイトは閉鎖されている。

御用ブロガーの誕生

強国論壇、環球網のような政府寄りネットメディアにもオピニオンリーダーが存在した。環球時報の胡錫進編集長、俳優にして作家の司馬南《しばなん》、北京大学教授の孔慶東《こうけいとう》が代表格だ。彼らも一定数のファンは獲得したものの、どちらかというと学者、評論家的な立ち位置で庶民とは遠い存在でネット論壇と比べると影響力は限定的だった。習近平体制後に登場した新たな御用ブロガーたちはよりカジュアルでネットとの親和性が高いのが特徴的だ。ここでは代表的な人物3人を取り上げる。

第一に周小平《しゅうしょうへい》。その経歴の詳細については不明な点も多いが、１９８１年生まれで中学卒業後から五毛党（政府寄りの書き込みをするサクラ、正式名称はネット評論員）やネット宣伝企業で働いていたとみられる。中国ではネット掲示板の有名ユーザー（日本のネットスラング風に言うならばコテハン＝固定ハンドルネーム）がその技術と人脈を生かしてネット宣伝企業に就職したり、創業するケースが少なくない。周もその一人だったと見られる。２００９年には有名経済学者郎咸平《ろうかんぺい》の名を騙《かた》り、10年以内に中国不動産市場は崩壊するとの記事を執筆して話題となった。また同年にはポルノを掲載していたサイト「分貝網」の副総裁として警察に拘束された経歴もある。

実は辣椒は、まだ有名になる前の周と面識がある。辣椒の影響力の大きさを見込み、一緒に仕事ができないかと誘われたのだという。結局仕事をすることはなかったが、もし提携が成功していたならば、そして、もし辣椒が良心を捨てていたならば、今頃は亡命の身ではなく、中国共産党お抱えの人気漫画家になっていたかもしれない。

周が注目を集めたのは、２０１３年8月に発表したブログ記事だ。ネットのオピニオンリーダーとして知られる薛蛮子《せつばんし》が中国の水質汚染を批判したことを受け、「このデマで浙江省舟山《しゅうざん》市一帯のタチウオ養殖業者は大打撃を受けた」と批判した。実はタチウオは養殖はされていない。周の文章はこうした単純な事実関係のミスが多く嘲笑《ちょうしょう》の対象となることが多いが、そのわかりやすく扇情《せんじょう》的な文体がファンを集めていることも事実だ。

2014年10月の文芸工作座談会後、科学啓蒙作家として知られる方舟子《ほうしゅうし》が周のコラム「夢砕けたアメリカ」を批判した。同コラムは、「中国の公共知識人が『夢の国』として描いているアメリカだが、実際は物価が高く購買力では中国人以下」「有名ブランドの衣料品が安いというが、中国のネットショップで売られている安物と品質は変わらない」「中国の食品安全が心配だという輩が米国のホルモン漬けブロイラーをありがたく食べている」など、やたらと細かい米国批判を展開している。方舟子は周の批判は事実をまったく無視したものだとして、周の指摘一つ一つを論駁《ろんばく》した。

ところがこの批判を発表した後、方舟子のブログや微博は強制的に閉鎖され、検索サイトでも名前はNGワード指定されて調べることすらできないようにされた。ネットでの発言を批判、しかも事実関係の間違いを指摘しただけで、政府が強力に介入するのはまさに異例のこと。辣椒はこの一件を風刺漫画に描き、周小平は習近平の寵《ちょう》姫《き》だと揶揄《やゆ》している［図14］。2015年6月、周は発足したばかりの四川省ネット作家協会主席に当選した。

第二の人物は花千芳《かせんほう》。周小平とともに文芸工作座談会に出席している。1978年生まれで中学校を卒業後、出稼ぎ労働者を経て故郷で農業に従事。そのかたわらでネット小説家として活動していた。

中国のネット小説はなかなか面白い世界なので簡単に紹介したい。日本でも「ケータイ小説」と呼ばれる女性向け小説が流行したり、あるいは小説家志望者の登竜門となっている「小説家になろう」というサイトがあるなど、ネット小説には一定の市場が存在する。しかし中国のネット小説の規模は日本をはるかに上回っている。大手IT企業が参入する有力サービス分野として産業化されている。中国インターネット情報センター（CNNIC）の統計によると、読者数は3億人弱という巨大市場を形成している。ドラマや映画の原作でもネット小説が占める割合が飛躍的に増えている。

無料広告モデルの日本とは異なり、1000文字あたり2円といった小額課金が特

〔図 14〕習近平に絶賛された御用ブロガーの周小平だが、科学作家の方舟子から基礎的なミスが多いとコテンパンに批判された。ところがその後、方舟子のブログや SNS は軒並み閉鎖され当局の御用ブロガー擁護の姿勢が鮮明になる。セリフは「わが習家の寵姫をいじめようという世間知らずのバカはまだ残ってるのかい？」「みんな動くな！　習おじさんが怒っているぞ！」

徴的だ。作家の数も膨大で数十万人が参入しているという。トップ作家になると、年数億円を稼ぎ出して書籍化、漫画化、映画化、ドラマ化とマルチメディアに展開できる。一方、大多数のネット小説家は朝から晩までパソコンのキーボードを叩き続けても、収入は日に1000円にも満たないという。

もっともそうしたネット小説は中華ファンタジー小説や恋愛小説が主流ジャンルだが、花はネット掲示板を舞台に活躍し、近現代史や国際情勢を盛り込んだネット小説で人気となった。代表作とされる『わが征途は星の大海』は中国をモチーフにしたワラジムシ国がおにぎり国＝日本、キムチ国＝韓国、ハクトウワシ国＝米国の妨害に負けず大国として成長していくという物語だった。その後も中国のすばらしさを讃える発言、創作を続けている。文芸工作座談会に出席した直後、遼寧省撫順《ぶじゅん》市の作家協会副主席に選出された。

第三の人物は逆光飛行（本名は林超《りんちょう》）。2011年6月からネット掲示板で漫画「あの時、あのウサギ、あの出来事」の連載を開始した。2015年3月にアニメ化されている。これは中国をウサギ、米国をワシ、日本をツルなどかわいらしい動物に置き換えた上で、20世紀の中国史を描くという内容だ。逆光飛行は2013年に国家インターネット情報弁公室、中国共産党四川省委員会宣伝部から四川省を代表する有名ブロガーとして表彰された。その受賞のあいさつで中国の世論宣伝は通俗性が足りないと指摘。若者が「西洋の奴隷」にならないよう、公共知識人が言う普遍的価値に騙《だま》されないよう、政府は教育を重視しなければならないと話している。まさに自らかわいらしい動物キャラを使って、若者に政府寄りの思想を植え付ける模範を示したわけだ。

汚職官僚追及の主体はネットから共産党へ

さて、ここまで習近平体制発足後に打ち出された、数々の人気取り政策を見てきた。節約徹底などの党紀引き締めや習近平礼賛《らいさん》の替え歌、さらには御用ブロガーの取り立てなどさまざまな施策があったが、最大の人気取り政策は反汚職運動だ。

反汚職運動は習近平体制発足から3カ月後の2013年1月の中国共産党中央紀律委員会で提起された。「ハエ（木っ端役人）もトラ（大物）も叩く」との宣言どおりである。ここで反汚職運動に関する辣椒の風刺漫画を紹介しよう［図15］。トラ、すなわち大物汚職官僚を退治して胸を張る習近平。ブタやウサギ、羊、魚などの国民は無邪気に喜んでいるが、習近平もまたもう一頭のトラであることには気がついていない。国民はすでに鍋に入れられている。いつ料理されて食べられてもおかしくない。

この反汚職運動では、元政治局常務委員として初めて経済犯罪で起訴された周永《しゅうえい》康《こう》や、江沢民の腹心として軍制服組トップだった中国共産党中央軍事委員会副主席の徐才厚《じょさいこう》などの「超大物」から無名の小役人まで大量に処罰されている。２０１４年10月に開催された第四回中国共産党中央委員会全体会議では、習近平体制発足以来18万人超の幹部、党員に処分が下されたことが発表された。

あまりに大量の官僚が失脚したため、陝西省では数百のポストが空席となり仕事が回らないという笑い話のような本当の話もある。また共産党紀律部局の捜査では「双規」（場所と時間を定めぬ拘束、訊問）が行なわれるが、その際に過酷な拷問《ごうもん》を受けて無理やり汚職を自白させられたという事例もある。令状なしの拘束は憲法違反だとして双規廃止を訴えた浦志強弁護士は、拷問を受けた官僚のコメントを紹介しているが、

〔図15〕習近平は大々的な反汚職運動を展開、次々と汚職官僚が摘発された。そのキャッチフレーズは「ハエもトラも叩く」。ハエのような木っ端役人もトラのような大物官僚も見逃しはしないという意味だ。前中国共産党政治局常務委員の周永康というトラが退治されたことに、無邪気な国民たちは喝采を送っているが、習近平自身もトラであることに気がついていない

目や耳、口など顔中のすべての穴から水を注ぎ込まれる、何十時間も寝かさないなどの過酷な拷問を行なわれたことを明かしている。

周永康や徐才厚の失脚については日本のメディアでも大きく取り上げられているが、それは主に権力闘争の視点から解説されてきた。権力闘争と同等かそれ以上の重みを持っているのが人気取りの側面だ。官僚の特権的待遇による不平等感こそが最大の不満だったためだ。

第一章で取り上げたとおり、これまで汚職官僚を引きずり下ろすのはネット運動の専売特許だった。人肉捜索と野次馬の力によって何人もの官僚が失脚している。しかし習近平の力はそれをはるかに超えるものだ。数を見ても、そして失脚した官僚の格を見てもネット論壇とは比べものにならない。

ネット論壇の熱気とはつまるところ、野次馬として眺めているだけで現実世界に影響を及ぼす力となることが源泉だった。中国社会を変えたい、政治改革が必要だなどの高尚《こうしょう》な理想はなくとも、ネット運動が現実に及ぼす影響力に魅力を感じる人が多かった。

しかし習近平の反汚職運動はそれをはるかに上回るカタルシスを野次馬たちに与えた。毎日毎日新たな汚職官僚リストが発表され、自分たちの「取り分」を奪っていた官僚たちが見るも無惨《むざん》な末路《まつろ》をたどっていく。劇場型パフォーマンスと化した反汚職運動はネット運動よりもさらに昏《くら》く甘美な魅力を人々に与えた。反汚職運動こそがネット運動の輝きを失わせ、習近平の支持を固めた最大の原動力になったのだった。

お堅い共産党はどこへ消えた？

ここまで見てきたように、習近平体制はネット論壇の手法を模倣し、ポップな手法を駆使した国民の支持獲得に邁進《まいしん》している。こうした姿勢は従来見られなかったものだ。それというのも中国共産党は基本的に「お堅い」存在だからである。

たとえば最近、日本でも話題になったものに「抗日神劇《カンリーシェンジュー》（トンデモ抗日戦争ドラマ）」がある。カンフーで日本兵の体を真っ二つにする、手榴弾《しゅりゅうだん》を投げて日本軍の戦闘機を撃墜する、アイドルを主人公としたイケメン部隊の物語といった内容だ。中国の映画やドラマには厳しい検閲が課されているが、それは何も政治問題に限った話ではない。民衆の風紀を乱す作品はよろしくないとの配慮から、スパイ物や推理物、タイムトラベル物など人気ジャンルが次々と規制されてきた。

　規制されるたびにテレビ業界は次々と新たなジャンルに転進していくのだが、その行きついた先がトンデモ抗日戦争ドラマだった。抗日物を装って中身はカンフーやアイドルなど庶民の気を引きそうな内容にする。そうすれば、高視聴率をとっても当局に目を付けられることはないという目論見《もくろみ》だ。かくしてB級ドラマファンを驚喜させる怪作が次々と登場することとなった。「上に政策あらば下に対策あり」という中国の俗語を地で行く展開だが、思わぬところからブームが終焉《しゅうえん》する。こうしたドラマは中国と中国共産党の歴史を歪曲《わいきょく》している、主流ドラマ（中国共産党の意向に沿ったプロパガンダ作品）に回帰せよと求める声が上がり、規制されるようになった。

　戦後70周年を迎える今年、中国では新たな抗日戦争ドラマが次々と公開されているが、視聴率が期待できない主流ドラマがほとんどだ。なおトンデモ抗日戦争ドラマの規制を受け、中国ドラマのブームは歴史物を装った宮廷内での女の愛憎劇に推移している。抗日戦争ドラマの聖地と呼ばれる映画制作基地である横店映画城ではかつて同時に10本以上のドラマを制作し、「ある日本兵エキストラは1日に8回死亡シーンを撮影した」「横店で死んだ日本兵は年に4億人」と笑い者になっていたが、次のブームに対応するべく、約6000億円を投じて清朝の離宮「円明園《えんめいえん》」を原寸大で復元したセットを建設している。

こうしたお堅い共産党イメージと習近平の手法とは、大きく異なるものであった。もちろん今までもパフォーマンスはあった。たとえば、あまりにもあざといパフォーマンスぶりから「影帝（俳優王）」と揶揄されたのが温家宝前首相だった。事故現場をたずねては「申し訳ない。来るのが遅れたようだ」と涙を流し、「子どもたちが一日一杯の牛乳を飲めるようにするのが私の夢だ」と高らかに宣言。そうかと思いきや学校を視察し子どもたちとバスケットボールで遊ぶ。日本を訪問した際にも皇居周辺をジョギングし公園で体操するパフォーマンスを見せて話題となった。仏頂面《ぶっちょうづら》ばかり見せていた胡錦濤前総書記ですらも、旧正月前には貧困家庭を訪れては一緒に料理を食べるといったパフォーマンスを見せていた。ただしその手法はすでにパターン化しており、見るからにプロパガンダ臭のする古くさいものでしかなかった。

ネットという陣地を占拠せよ、習近平の号令

お堅い中国共産党が一変したのにはどのような背景があるのだろうか。これを読み解く上で二つの重要な文書がある。第一の文書は2013年8月19日の全国宣伝思想工作会議における習近平の重要講話だ。俗に「8・19講話」と呼ばれている。人民日報など官製メディアでも講話の一部や解説が掲載されたが、全文は公開内容とは大きく異なる。

「西側反中勢力はインターネットで『中国を倒す』との妄想を抱いている。以前から西側政治家は『インターネットがあれば中国に対抗しうる』『社会主義国家に西側への憧れを抱かせよ。インターネットこそその入り口だ』と語っていた…（中略）…インターネットという戦場で我々が持ちこたえられるか、勝利できるか、それこそがわが国のイデオロギーと政権の安全に直接関係している」

「多くの国民、とりわけ若者はほとんど主流メディア（官製メディアの意）を見ない。ほとんどの情報をネット経由で見ているが、この事実を正面から受け止めなけ

ればならない。より多くの力を投じ、ネットという世論の戦場の主導権を速やかに掌握《しょうあく》しなければならない。進んで学び、現代的メディアの新手段新手法の専門家にならねばならない。ネット世論の議論に深く入り込み、ネットの攻撃・浸透《しんとう》を防御し抑制する。組織を整備し誤った思想に反論を加え、法に基づくネット社会管理を強化し、ネットの新技術、新たなサービスの管理を強化し、ネットの支配を確保する。このようにして我々のネット空間を正常にするのだ」

「ネットの闘争は新たな世論闘争形態であり、戦略戦術を研究しなければならない。彼らが運動戦・遊撃戦を展開するならば、我々も正規戦・陣地戦でのみ戦うことはできない。臨機応変に対処し、彼らの手段を我々も活用し、敵の虚を突いて勝利しなければならない。古い戦術に固執して戦略的大局を失ってはならない」

主流メディアではリーチしない若者に、いかに共産党の言葉を届けるか、いかに習近平を支持させるか。「正規戦、陣地戦」、すなわち古くさいプロパガンダではネット論壇には太刀打《たちう》ちできないと明確に意識されている。必要なのはネット論壇と同じ手法である「運動戦、遊撃戦」を活用することだ。

ここまで見てきたように習近平体制はネット論壇の手法を模倣、簒奪し、ポップな手法によってネットユーザーの支持を勝ち取ろうとする試みを続けてきた。習近平タクシー事件や人民解放軍アイドルの誕生など、およそ政府がやるべきこととは思えないような奇異《きい》な取り組みの数々は、ネット論壇に打ち勝つための「運動戦、遊撃戦」であり、中国共産党による支配を守るための最重要課題だったのである。

そしてもう一つの秘密文書は中国共産党が具体的に何を恐れているのか、そして何を取り締まろうとしているのかを如実に示す内容となっている。その文書とは2013年4月に開催された中国共産党中央宣伝部工作会議を受けての通達、「現在のイデオロギー領域状況に関する通報」だ。通称「9号文件」と呼ばれている。その概略《がいりやく》は次のとおり。

1：西側の憲政民主の喧伝《けんでん》には現在の指導者と中国の特色ある社会主義政治制度を否定する狙いがある。

2：〝普遍的価値〟の喧伝は共産党執政の思想的・理論的基礎の動揺が狙いである。
3：市民社会の喧伝は共産党執政による社会的基礎の瓦解が狙いである。
4：新自由主義の喧伝はわが国の基本的経済制度の改変が狙いである。
5：西側の報道観の喧伝は党によるメディア管制の原則と新聞出版管理制度への挑戦である。
6：歴史的ニヒリズムの喧伝は中国共産党の歴史と新中国の歴史の否定が狙いである。
7：改革開放に対する疑念は中国の特色ある社会主義の性質に疑いを持つものである。

中国共産党は天安門事件以来、「和平演変（平和的体制転換）」を恐れ、警戒してきた。この9号文件は、その立場を踏襲するものだ。人権や法治、憲政などの普遍的価値、民主主義の基盤となる市民社会、報道の自由などはすべて中国共産党の支配に対する挑戦だとみなされている。この9号文件によって習近平体制の方向性は明確になったと言えるだろう。なお9号文件を海外メディアにリークしたとして、フリージャーナリストの高瑜《こうゆ》氏は逮捕され、懲役《ちょうえき》7年の判決を受けている。

「七つの語らず」

ネット論壇的なポップな手法を取り入れた習近平体制だが、一方で従来型の弾圧も強化している。独裁国家としての超法規的権限を最大限に活用した、言論弾圧や思想統制を大々的に展開している。強化される思想統制を題材にした辣椒の風刺漫画がある［図16］。人々の行く手をさえぎるように、習近平は次々と思想統制と言論弾圧の壁を投げ入れている。迷路のようになった社会に人々は戸惑い迷子になるばかり。そればかりか、四方を壁に囲まれ一歩も動けなくなった人までいる。

さて、こうした思想統制が最初に明るみに出たのは2013年5月のことだった。上海華東政法大学の張雪忠《ちょうせつちゅう》講師が「大学の授業で話してはいけない7項目が通達された」と微博で暴露した。「七つの語らず」と呼ばれる通達は教師が大学の講義で話してはならない項目を指定している。「普遍的価値を語るべからず、報道の自由を語

〔図 16〕思想統制、言論検閲に対する風刺。次々と禁止事項の壁が作られ、人々は迷子になってしまった。それどころか四方を壁に囲まれて動けなくなった人も

るべからず、市民社会について語るべからず、市民の権利について語るべからず、中国共産党の歴史的過ちについて語るべからず、権貴資産階級（権力者・資産階級）について語るべからず、司法の独立について語るべからず」との内容だ。この通達を遵守《じゅんしゅ》すれば近代史も法学も教えることはできない。人文科学など成り立たなくなってしまう。

２０１５年1月には袁貴仁《えんきじん》教育相が名門大学の責任者を集めた会議で、「西側の価値観を広める教科書を絶対に教室に入れてはならない」と訓示したことが明らかとなった。「七つの語らず」を教科書にまで敷衍《ふえん》させたのだが、西側由来の思想なしの教科書などありうるのだろうか。社会主義ですらヨーロッパで生まれた思想なのだが。

この「七つの語らず」だが、それぞれの項目は9号文件に対応している。9号文件を受けて、さまざまな部局が独自の対策を導入したのだが、教育部における施策が大学での言論統制だったと見るべきだろう。

9号文件および関連の施策は内部向けの秘密通達として実行されただけにすべてが明るみに出ているわけではないが、「七つの語らず」以外では人民解放軍の取り組みが明らかになっている。

２０１３年６月に人民解放軍は兵士向けの映画「声なき戦い」をリリースした。同作は米国が中国の政権転覆《てんぷく》を狙ってひそかに陰謀《いんぼう》をめぐらしていると告発している。映画で取り上げられた侵略の手段は次のとおり。

・政治的浸透：中国の政治路線を変えようと働きかける。
・文化的浸透：民衆、とりわけ若者世代の思想を変えようとしている。
・思想的浸透：世論戦を通じて民衆の思想的基盤を瓦解させようとしている。
・組織的浸透：米国の代弁者を育成し時限爆弾を中国に埋め込む。
・政治的干渉と社会浸透：反政権勢力を育成し中国の基盤を転覆させようとする。

９号文件、七つの語らずとほぼ共通する内容だが、「米国の代弁者」という部分が目を引く。また北京大学の賀衛方《がえいほう》教授、経済学者・茅于軾《ぼうかんしょく》氏など、改革派の著名研究者を名指しして米国の手先と批判している点が注目される。

そして2013年8月には、国家インターネット情報弁公室の魯煒《ろい》主任がネットのオピニオンリーダーを招き、中国インターネット大会という座談会を行なっている。魯主任は著名人は社会的責任を果たすべきであり、「中国の夢」実現のために「ポジティブ・エネルギー（正能量）」を伝えて欲しいと訴えた。このポジティブ・エネルギーという言葉は後に習近平も使う流行語となった。この中国インターネット大会では出席者たちが「七つの守るべき一線」を堅持することを誓い合ったが、その内容は次のとおり。

・法律法規の守るべき一線。違法行為は行なわない。
・社会主義制度の守るべき一線。社会主義制度を擁護する。
・国家利益の守るべき一線。国民として祖国の利益を守ることを憲法の定める国民の義務として遵守する。
・公民の合法的権益の守るべき一線。たとえ汚職官僚を告発するためであっても男女の不適切な写真を流出させるなど違法手段は用いない。

・社会公共秩序の守るべき一線。ネット世界もまた一定の秩序、規則を遵守しなければならない。
・道徳風紀の守るべき一線。ネット空間であっても道徳を守らなければならない。
・情報の真実性の守るべき一線。デマを流さず政府が発表した真実の情報を広めよう。

「七つの守るべき一線」は公開を前提としたものであるため、9号文件や「七つの語らず」のようなあけすけな普遍的価値批判や西洋を敵視する文言はないが、方向性は共通している。「七つの守るべき一線」は前述のとおり、著名なネットオピニオンリーダーを集めた座談会での宣誓だったが、その後は大手ＩＴ企業が続々と遵守を約束するなど、ネット業界全体の規約となった。

相次ぐオピニオンリーダーの拘束

思想統制以上に直接的な弾圧となったのがオピニオンリーダーの逮捕だ。「七つの守るべき一線」の発表直後、ネットオピニオンリーダーが次々と逮捕された。中国インターネット大会に出席していた薛必群《せつひつぐん》（薛蛮子）を筆頭に、秦志暉《しんしき》（秦火火《しんかか》）、楊秀宇《ようしゅう》（立二拆四）、周禄宝《しゅうろくほう》、傅学勝《ふがくしょう》と5人の「大V」が次々と逮捕された。前述のとおり「大V」とは「フォロワー10万人以上の身分認証済み微博ユーザー」、つまりネット論壇のオピニオンリーダーだ。彼ら5人はネット上のご意見番としてあらゆる社会問題にコメントし、また注目すべき事件を転載（ツイッター風に言うとリツイート）することで、情報を拡散するハブとしての役割を果たしていた。

逮捕理由だが、薛必群を除く4人はデマやデマを利用した恐喝《きょうかつ》が理由とされている。秦志暉は「軍人・雷鋒《らいほう》は自らを厳しく律し民衆のために働いた労働英雄として中国共産党に評価されているが、本当はぜいたくな暮らしを送っていた。今の雷鋒イメージは国が作り上げたものに過ぎない」との主張がデマと判断された。周禄宝は高額な線香を観光客に売りつけている悪徳僧侶がいるとの記事を掲載した上で、金を払えば記事を撤回するともちかけた恐喝容疑で逮捕された。

一方、薛必群は言論とはまったく関係のない買春が容疑とされた。薛は米国籍を取得したアメリカ人であり、発言を事由として逮捕すれば米国の批判を招きかねないとの判断があったのだろう。だが明らかな別件逮捕であるがゆえに、当局は薛を陥《おとしい》れるために常軌を逸した手段を動員した。8月23日に女性と一緒にいるところを逮捕された薛だが、この時点では正式な起訴手続きを経ていない行政拘留《こうりゅう》であったにもかかわらず、官製メディアは大々的に拘束の詳細と容疑について報道。一度に複数の女性を買った「聚衆淫乱活動」という耳慣れない言葉で伝えている。「儒教の国」だからだろうか、ある人物を逮捕、ひきずり下ろす際に女性関係の問題を執拗《しつよう》に取り上げるのは中国の常《つね》である。さらに囚人服を着せられた薛が罪を認めるインタビューを中国中央電視台（CCTV）が中国全土に放送し、さらし者とした。薛と関係を持ったという女性のインタビューもあったが、こちらは顔にモザイクが入れられている。メディアはどのような手続きを経て、薛のインタビューを撮影したのだろうか。まだ起訴すらされていない段階で犯罪者として大々的に報道するのは放送倫理上許されるのか。辣椒は怒りを込めてこの一件を風刺漫画にしている［図17］。門のような形が特徴的なCCTVビル、そこにはりつけにされ見世物とされた薛必群の姿が描かれている。

一連の大V摘発と前後して逮捕されたのが新公民運動の発起人たちだ。2013年7月に胡志永《こしえい》が、9月に王功権《おうこうけん》が逮捕された。新公民運動は憲政の実現を働きかけると同時に、国民の意識を高め市民社会の実現を目指すことを旨とした社会運動だ。具体的な活動としては政府高官の資産公開と大学入試の戸籍規制廃止の要求。そして市民の勉強会が挙げられる。あくまで中華人民共和国の憲法、法律の枠内で改革を求める運動だったが、2月に地下鉄出入り口でチラシをまき、北京市教育委員会前で人を集めシュプレヒコールを上げたことを公共秩序騒乱の罪とされた。この後、勉強会の開催なども厳しく取り締まられ、最盛期には10万人が参加したと伝えられる静かな社会改革の試みは急速に衰退へと向かう。

2014年1月にはウイグル族の大学研究者、イリハム・トフティが逮捕された。同氏は少数民族の文化を認め経済格差を改善することでウイグル族と漢民族の融和《ゆうわ》が実現すると訴える穏健派の知識人だったが、授業中に暴力や新疆独立を煽《あお》る発言があった。主宰するサイト「ウイグル・オンライン」に独立派の書き込みがあったことを

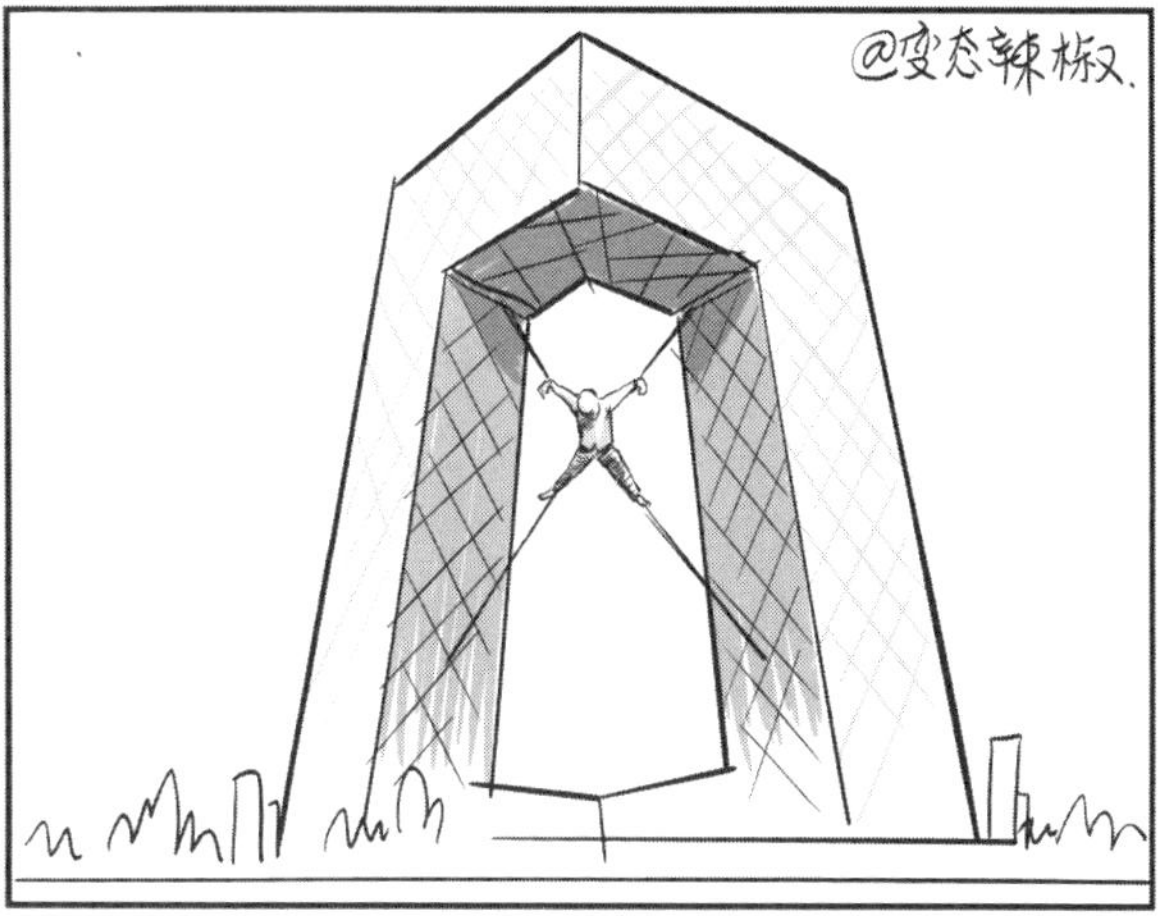

〔図 17〕2013 年夏、政権に批判的な著名ブロガーが次々と拘束される。その一人である薛蛮子は買春容疑で逮捕され、起訴もされぬうちに中国中央電視台（CCTV）の番組で罪の告白をさせられた。当局はその後も同様の手法を繰り返し、意に沿わぬ人物を官製メディアを使ってさらし者にしている。イラストのビルはCCTV 本社ビル。二つのビルが頂上部で接合するデザインが特徴的だが、中国ネットユーザーはこの形から「大きなパンツ」と揶揄している

理由に国家分裂罪に問われ、無期懲役の判決を受けている。

　2014年4月にはフリージャーナリストの高瑜が逮捕された。高は天安門事件当時、経済学週報の記者だったが、そのコラムが学生側に肩入れするものだったとして逮捕された経歴を持つ硬骨《こうこつ》の士だ。9号文件の通達を香港メディアにリークしたことを国家機密漏洩《ろうえい》罪とされた。実際のところ9号文件は中国全土の市政府レベルで配布され、学習会が行なわれていたことも公表されていた。広範に頒布《はんぷ》された以上、さまざまなルートで流出しており、ネット上でも文案が読める状態であった。あえて高瑜の罪を問うた理由は見せしめだと指摘されている。

　2014年5月には浦志強弁護士が拘束された。天安門事件25周年を回顧した勉強会を開いたことが問題視されたと見られたが、他の参加者が事情聴取や短期間の拘束で終わったのに対し、浦弁護士は長期にわたり拘束され、翌年に起訴されるにいたった。当初は国家分裂扇動《せんどう》罪や個人情報の不正取得容疑もかけられたが、最終的には挑発騒動罪、民族の恨みを扇動した罪が起訴内容となった。新疆ウイグル自治区の暴力事件に際し、新疆を植民地として扱う必要はない、中国は征服者としての政策を調整すべきと書き込んだこと。チベット自治区の寺院に毛沢東、江沢民、胡錦濤という共産党領袖像の掲揚を義務づける、新疆ウイグル自治区ではヒゲをはやしたりベールをかぶることがイスラム原理主義とみなされて取り締まられたことを取り上げ、「漢人は頭が狂ってしまったのか。いや、漢人の頭目が狂っている⁉」などと揶揄したことが罪状とされた。

人権派弁護士や活動家など200人を逮捕、「暗黒の金曜日」事件

最後に2015年7月に150人もの人権派弁護士、活動家が逮捕、拘束、事情聴取された「暗黒の金曜日」事件について紹介したい。人民日報、新華社という二大官製メディアが事件のいきさつについて説明している。曰く、近年起きた社会的事件のうち約40件は拘束された人権派弁護士らが教唆《きょうさ》したものである。弁護士らのほかに現地で行動する活動家、ネットでの書き込みを担当する者、賃金をもらって前線に立つ者など分業されており、ネットを通じて人々を動員しようとしていると指弾《しだん》した。また海外から資金援助を得ているとも示唆しており、一般的な事件を政治化し反政府

的な感情を煽っていると批判した。加えて中心人物とされた周世鋒《しゅうせいほう》弁護士は複数の女性と関係を持っていたと道徳的な批判も付け足している。

中国では司法も政府の統制下にあり、政府や国有企業、さらには政府と太いパイプを持った大手民間企業を相手取って勝訴することはきわめて困難だ。ネット運動的な手法を使わなければ勝ち目はない。ネット運動は中国という独裁国家において唯一行政に勝てる裁判手法だったわけだが、そのルートが閉ざされた事件と言えよう。

なぜ政府がここまで大規模な摘発に踏み切ったのか。その要因は慶安《けいあん》事件にある。5月2日、黒龍江《こくりゅうこう》省綏化《すいか》市慶安《けいあん》県の駅で、徐純合《じょじゅんごう》という男性が警官に射殺された。持病を抱え貧困に苦しんでいた徐は上級政府への陳情《ちんじょう》を繰り返してきた。陳情は法律で認められた権利であるが、上級政府に陳情されれば地方政府にとっては失点となる。そこで徐が公共交通機関に乗れないよう手配書を出していたのだろう。徐は改札で止められ、警官も駆けつけてきた。激高した徐ともみあいになった警官が発砲、射殺した。

ここまで見てきたように習近平体制は硬軟おりまぜた手段を駆使して、ネット論壇の影響力を削減しようと躍起《やっき》になってきた。その効果は明らかだったが、慶安事件は広く報じられ、ネット論壇は久々の活況《かっきょう》を呈した。話題となってネットには野次馬が集まったばかりか、現地には活動家が集まり、「俺たちも陳情者だ、射殺してみろ」といったプラカードを掲げて抗議した。

当局側が発砲の正当性を示すべく監視カメラの映像を公開すると、映像技術に詳しいネットユーザーが子細に分析。一部映像が削除された可能性もあると指摘し、注目を集めた。まさに2012年以前を思わせる状況だったが、政権は強力な報道規制とネット検閲で対抗、炎上を沈静化させる。そして事件から2カ月が過ぎた7月、関与した人権派弁護士と活動家の一斉検挙を断行した。

ネット論壇の手法を簒奪し、ネット世論の主導権を握ること。習近平体制発足以来、中国共産党はこの目標に向けて邁進《まいしん》してきた。慶安事件はこの取り組みを失敗させかねない一大事と認識された。だからこそ国際社会の批判を覚悟の上で、人権派弁護士の大々的な摘発に踏み切ったのだろう。異常なまでの反発ぶりはネットという「陣地」の確保が習近平体制にとっては至上命題であることを如実に示している。

進化するITと監視社会

さて、本章の最後に技術の進化の与える影響について触れておこう。ネット運動華やかなりしころはIT技術の発展はネット運動に有利に働くといわれていた。ツイッターや微博の情報拡散力は速すぎて検閲が追いつかない、不都合な情報へのアクセスを禁止するGFW（グレート・ファイヤー・ウォール）システムを回避する手法は次々と発見される、単純なNGワード指定は隠語を使うといった単純な手法で回避できる等だ。

だが、今になって振り返ってみればあまりにも楽天的すぎる発想だった。GFWを回避するシステムとしては現在、VPN（バーチャル・プライベート・ネットワーク）が一般的だ。盗聴《とうちょう》されない安全性の高い専用回線を仮想的に構築する技術で、もともとは企業の拠点間通信に使われることを前提として開発された。中国のインターネットユーザーはVPNサービスを契約すればGFWシステムを回避することが可能だった。企業にも使われているため全面禁止は難しいと見られていたが、中国政府はGFW業者を次々と規制するとともに、政府が認可したVPN業者を使うよう企業に求めている。個人向けのＧＦＷ業者はまだ残っているとはいえ、ネットに詳しくない一般ユーザーにとっては契約は面倒だ。そもそもフェイスブックやツイッター、ユーチューブなど中国からはアクセスできない海外のネットサービスも、中国国内にほぼ同様のサービスが存在する。外国人と交流したい、検閲されている情報を読みたいという強い欲求がないかぎり、ＶＰＮを契約する必要性を感じることはない。

微博のスピードについても対応力を高めている。後述するとおり対応する人員の数を増やすという原始的な手段や有力ネットユーザーを見せしめ的に拘束し萎縮《いしゅく》させたことに加え、一般の微博ユーザーへの取り締まりも強めている。辣椒によると、先日、彼の風刺漫画を微博でつぶやいたユーザーが警察に呼び出され事情聴取されたという。

また中国ではネットサービスの実名制義務化が進められている。表向きは匿名のハンドルネームを使うことができるが、アカウントの開設にあたっては身分証番号の登録などの認証が必要となりつつある。なにか問題を起こせばまたたく間に当局に把握されてしまう。以前ならば虚偽《きょぎ》の身分情報で登録することは容易だったが、今ではそのハードルも上がっている。当局に警戒されている辣椒は微博のアカウントを削除されているが、そのたびに別のアカウントを作るといういたちごっこを繰り返してきた。新たなアカウントを作ることを中国のネットスラングで「転生」という。60回の転生を繰り返した後に辣椒は微博を使うことをあきらめたという。いたちごっこを繰り返すことは可能だが、辣椒のファンが新しいアカウントを発見する前に当局が削除するのでは無意味だからだ。

検閲の存在自体を悟らせない、新たなシステムも登場している。従来の検閲では微博の書き込みが削除されたことがユーザーにはわかってしまう。新たなシステムではユーザー本人には普通に書き込んだように表示されるが、フォロワーには書き込みが表示されない仕組みとなっている。検閲されたことすら悟らせない、柔らかな封じ込めだ。

いわゆるビッグデータを活用したネット世論警報システムの開発も進められている。たとえば微博で「辣椒」など特定の用語の出現回数が急増した場合、人々の注目を集める社会事件が起きた可能性があるとして、管理者に警報が伝えられる。省庁や地方政府、大手企業がこうしたシステムを導入している。人民日報社はネット世論を分析したレポートとコンサルティング業務を提供するネット世論観測室をオープンしたほか、警報システムの取り扱い能力を証明する国家資格「ネット世論分析師」を創設した。省庁や地方政府の担当者はセミナーを受けて機器の取り扱いを学んでいる。

またネット世論警報システムの多言語化も進められている。中国では法的に定められているだけで55の少数民族がある。少数民族言語の検閲をいかに実施するかが課題であった。この技術的ハードルを解決するべく、中国政府は多額の研究費を支給し、多言語ネット世論警報システムの開発を推進している。すでにチベット語、ウイグル語など複数の少数民族言語をリアルタイムで収集、分析するシステムが開発された。ある特定の言葉の書き込み数が急速に増えれば、自動的に感知し当局に警告することが可能となる。たとえば抗議デモの呼びかけによって、特定の地名の書き込みが増えればすぐに察知できるというわけだ。

さらにネット検閲を正当化する法整備も進んでいる。２０１５年7月には国家安全法が制定されたほか、反テロ法やネット安全法の起草《きそう》作業も最終段階に入っている。

ネット安全法草案では突発事件が起きた時に、その地域全体の通信を遮断することが認められている。これは新疆ウイグル自治区やチベット自治区で大規模な暴動が起きた時にたびたび用いられてきた手法だ。これまでは超法規的手段だったが、ネット安全法が施行されたあかつきには合法化されることになる。また反テロ法ではテロ対策を名目として、ネットサービスを提供する場合には中国国内にサーバーを置くことが義務づけられた。もし米国や日本にサーバーが置かれていた場合、情報開示には所在国の法律に従って手続きをする必要があり、中国政府にとっては不都合だ。法律はまだ制定されていないが、すでに海外にサーバーを置くネットサービスの多くは検閲システムによってアクセスを禁止されている。先日、米アップル社は中国人ユーザーに関するサーバーを中国に移転したが、政府の要請に従ったものとみられている。

民衆抗議を治める手法

ネット運動に対抗するための、体制側の技術の進化は何もＩＴ分野にとどまらない。検閲組織の体制改革や対策マニュアルという点でも大きな変化が見られる。

まず検閲組織だが、多元的な組織作りが実現している。もっとも早くから登場したのはネット評論員と呼ばれるタイプだった。主に地方政府が雇用《こよう》し、ネット掲示板や微博の書き込みを監視し、さらに政権に都合がよい書き込みをすることを任務としていた。その給与はきわめて安く、書き込み1件あたりの支払いはわずか5毛（0・5元、約10円）という安さから「五毛党《ウーマオダン》」とも揶揄された。

そしてＩＴ企業が雇用した社内検閲組織が存在する。ＩＴ企業は問題のある発言を自らの判断で削除することが義務づけられている。この義務を怠れば政府から指導され、最悪の場合にはサービスのお取りつぶしを受ける可能性も考えられるだけに企業側も必死になって、大規模な検閲スタッフをそろえている。こうした検閲コストは中国のＩＴ企業にとっては負担ではあるが、その一方で海外企業の中国市場進出を阻《はば》む参入障壁《しょうへき》としても機能している。もし中国に本格的に進出するならば、検閲システムを導入し、大量の監視スタッフを雇用する必要があるからだ。

さらに社区や居民委員会など都市部の最末端組織が編成したボランティアの検閲スタッフも存在する。中国では近年、治安検閲分野でのボランティア活用が目立っている。たとえば両会《リャンフィ》（毎年3月に開催される中国の国会）では、北京市だけで50万人以上のボランティアが動員されて警備にあたっている。また不審な人物がいないか定期的にマンションを巡回《じゅんかい》するなどの業務も行なわれている。国家的イベントの前には異常な警備体制がしかれるわけだが、あまりの徹底ぶりに笑い話としか思えないようなエピソードも生まれている。２０１４年の国慶節（建国記念日）の直前に奇妙なニュースが流れた。式典でハトを放すシーンがあるが、問題が起きないようハトの肛門の中まで検査したという。ハトの肛門を恐れる習近平の姿を辣椒はユーモアたっぷりの風刺漫画で描いている［図18］。

２０１５年7月、中国メディアは北京市西城区のボランティアを讃える記事を掲載した。マンションの巡回やネットの監視などの業務により年に数十万件もの情報を当局に提供、テロ防止に役立つ有力な情報も10件あまり含まれていたという。「西城区のおばさんは世界屈指の情報機関」というユーモラスな表現で報じられたが、なんとも息苦しい監視社会だ。彼ら中高年のボランティアはネット検閲でも活躍し、人力の監視を行なっている。

〔図 18〕2014 年の国慶節（建国記念日）直前、ハトの肛門の中まで検査したという内容のニュースを揶揄した漫画。担当部局が自らの勤勉ぶりをアピールしたものと思われるが、何をそこまで怯えているのかと笑いものになった

さらに2015年春には大学生など若者の動員が明らかとなった。中国共産党には党員になる前の青年が所属する中国共産主義青年団（略称は共青団）という組織が存在する。

胡錦濤前総書記の支持母体としても知られている共青団が青年ネットボランティアを組織するよう各支部に指示していたことが明らかとなった。山東省では78万人、四川省では68万人などと省別に割り振られているほか、大手国有企業で4万人、鉄道関係で2万人などと国有企業、政府部局内部からもボランティアを募《つの》っている。その数は合計で1000万人という膨大《ぼうだい》なものとなった。うち400万人が大学への割当だ。さらにこうしたボランティアが活動状況を報告するための専門SNSまで立ち上げられたこともわかっている。

2015年7月、この青年ネットボランティアがらみのニュースが話題となった。山東省在住の候《こう》という青年ネットボランティアがけんかをしたという理由で警察に処罰されたのだ。候の説明によると、「勝負だ。今から出てこい」とのメッセージが送りつけられてきたため、出かけていったところ複数に袋だたきにされたという。ネットボランティアが原因で殴打されたのかどうかはわからないが、御用ブロガーの周小平や共青団関係者からは「社会を守るために献身しているネットボランティアを処罰するとは何事か」と警察を非難する声があがった。

一方で候は「人肉検索」され、ネットボランティアとしての仕事ぶりも明らかとなっている。たとえばネット掲示板に「日中戦争で日本軍と戦った主力は国民党であり共産党はほとんど戦っていない」との書き込みを見つけると反論を書き込んでいるのだが、ほとんどが英語でいうFワード。論理的な反論ではなく、ひたすら卑わいな言葉で罵倒し続けている事実が発覚した。共産主義青年団団員による、社会を守るためのボランティア活動の実態が明らかになってしまった。

また「スマートフォンでグーグルのサービスを使うにはどうすればいいの?」などと検閲回避の方法についてネットで質問していたことも明らかとなった。ネット検閲の片棒を担ぐ一方で、自分自身も検閲に困っていたわけだ。

ネット運動への対処法も成熟してきている。繰り返し述べてきたように、ネット運動は野次馬を集めることによって当局が無視しえないムードを作るものである。このネット運動と正面から立ち向かえばさらなる反発を招いて炎上し、より多くの野次馬を集めてしまう。必要なのは注目を拡散させ、野次馬たちを解散させることだ。

大型ネット運動への対処として、よく使われるのが「秋後算帳《チヨウホウスワンジヤン》」という手法だ。もともとは、秋の収穫後に清算することを約束したツケ払いを意味するが、ネット運動への対処としては「とりあえず譲歩しておき、後で解決する」という手法になる。たとえばネット運動の輝かしい勝利とされた大連PX事件では化学プラントの移転を約束したはずなのにいまだに実現していない。

民主的選挙が行なわれた烏坎村では肝心要《かんじんかなめ》の不正売却された村共有地の返還請求が難航しており、村内では運動は無意味だったとあきらめの声まで上がっているという。また今年7月に大量の弁護士が逮捕、拘束された「暗黒の金曜日」事件にしても、引き金となった慶安事件から2カ月が過ぎたタイミングを見計らっての取り締まりだった。

また野次馬たちの注目を引くために、別の大事件を起こすという手法もある。人々の注目を集める社会事件が起きた直後に、芸能人のスキャンダルなど別の注目を集める事件を起こし、人々の注目をそらすという手法だ。

これらはネット運動の根本的な問題点を露呈《ろてい》している。ネットの力は野次馬を集めることには成功しても、彼らの注目を長期間引きつけることはできない。次から次へと興味関心を引く事件は起き、野次馬たちは立ち去っていく。野次馬たちが注目していないのならば、当局は果断《かだん》な弾圧、処罰が可能となる。時間は政府の味方なのだ。

第三章

中国のジェットコースター経済と、既得権益者となった中産層

辣椒《ラージャオ》が語る「中国経済は砂上の楼閣」

――日本では「中国経済はバブルではないか、崩壊が近いのではないか」という議論をよく目にします。

辣椒　確かに中国経済には少なからぬ水増しがあると思います。ひたすらにGDPを追求する政府によって無理な成長を続けていますし、また地方政府が少しでも評価を上げようと統計をごまかしているという問題もあります。また政府発表の物価統計も疑わしい。中国政府は物価上昇率（CPI）の目標値を3％と定めています。例外的な時期をのぞいて目標値が達成されたことになっていますが、庶民の実感はまったく違いますよ。

生活に必要な費用は大きく高騰《こうとう》しています。給料も上がっていますが、生活が楽になったという感覚はありません。むしろ一生働いても買えないマンションの値段を見るたびにストレスが膨れあがるというのが実情です。経済成長率は通常、物価変動の影響を除去した実質成長率が使われます。もし物価上昇率を実際よりも低く発表していれば、それだけで中国の成長率は公式の数字とはかけ離れたものとなります。

しかし、こうした面を差し引いたとしても中国が大きく成長しているのは事実ですし、しばらくはその状況が続くのは間違いないでしょう。今年6月、7月の中国株急落は日本で注目されましたが、中国では株に投資している人をのぞけばそんなに大きな問題としては感じられていませんでした。

バブル崩壊よりも、中国の独裁権力が経済や庶民の財産に与える影響こそが問題です。実は先日、私のネット決済アカウントが閉鎖されたのですが、サービス企業からの説明や裁判所からの通達などは一切ありませんでした。中国共産党は私の存在をうとましく思い、兵糧《ひょうろう》攻めに出たのでしょう。問題は共産党から企業に直接指示があったのか、それとも意を汲んだIT企業が勝手にやったのかわからないこと。なにせ何の説明もないのですから。

こうした違法な財産没収は私だけの問題ではありません。人権活動家としても知られる芸術家の艾未未《アイウエイウエイ》は、脱税の冤罪《えんざい》を押し付けられて多額の懲罰金を請求されました。また個人資産没収という形で合法的に財産を接収《せっしゅう》することもできます。中国は確かに成長し、多くの人々が以前よりも豊かになっています。ですがその豊かさは独裁権力によっていつ取り上げられるかわからないのです。

また通常の都市住民にとって最大の財産はマンションですが、土地の所有権を持っているわけではありません。社会主義中国ではすべての土地は国有地なのです。国民は最大70年間の利用権を買っているに過ぎません。今のマンションの価格だとローンを払っているうちに利用権の期限が来ても不思議ではないかもしれませんね。この70年という期限は延長されるのではないか、あるいは無期限になるのではないかとの観測もあります。ですが、それはあくまで噂のレベルです。結局は独裁者の胸一つですべてが決まるわけです。

——一方で、中国政府も経済の自由化を目指した改革を続けています。政府の許認可権を減らす、国有企業が独占してきた分野への民間資本参入を認める、あるいは国有企業への民間企業出資を促すといった政策が進められています。

辣椒　確かに改革案はあります。ありすぎて覚えきれないほどです。ですが、本当に根本的な改善案はあるのでしょうか？　実効性は保障されているのでしょうか？　この問題に関する作品を発表したことがあります［図19］。改革意見だけは掃《は》いて捨てるほどありますが、どれも表面的なものばかりで、瀕死の患者を救う策はありません。

習近平の改革案がどれだけ現実になるのかは未知数です。たとえば国有企業の独占を減らしていくという方向性を打ち出していますが、一方で、海外市場にも勝てる強い国有企業を作るとして合併を推進しています。大手鉄道車両製造メーカーである中国南車と中国北車の二社を合併した中国中車がその代表例でしょう。中国南車と中国北車はもともと同じ企業でした。競争を促進するために分割したのですが、今再び合併したのははたして進歩なのでしょうか、それとも退化なのでしょうか。政府の許可権削減もお題目はすばらしいのですが、はたして実現するのでしょうか。中国共産党の独裁権力は強化される一方です。権力を抑止する憲政や法治の仕組みが機能していないなかで、経済の自由だけが進むなどということがありうるのでしょうか。はなはだ疑問に思います。

――確かに政治改革が進まないのに、経済改革だけが前進するという事態は考えにくいですね。もし改革が進まないとすれば、中国経済にとっては大きな問題です。中国の主流研究者、官製メディアは中国経済は過渡期《かとき》にあり、改革を進めることで従来よりはややペースは落ちるものの、安定成長を継続できるという「新常態」（ニューノーマル）論を展開しています。改革が進まなければ、この未来図も実現しません。

辣椒 私は経済の専門家ではありませんから、中国経済が今後どのように推移するかを予測することはできません。ですが短期的な崩壊はないと考えます。これも政治の問題です。中国共産党の力は強大です。経済的な問題を覆い隠すだけの実力があります。中国経済が破綻し、その失政に怒った民衆が立ち上がり、体制転換が起きる。こうした予測を立てている人は現実を見ていないようにも思います。

私は、中国経済が盤石だと言いたいわけではありません。中国共産党の恐るべき権

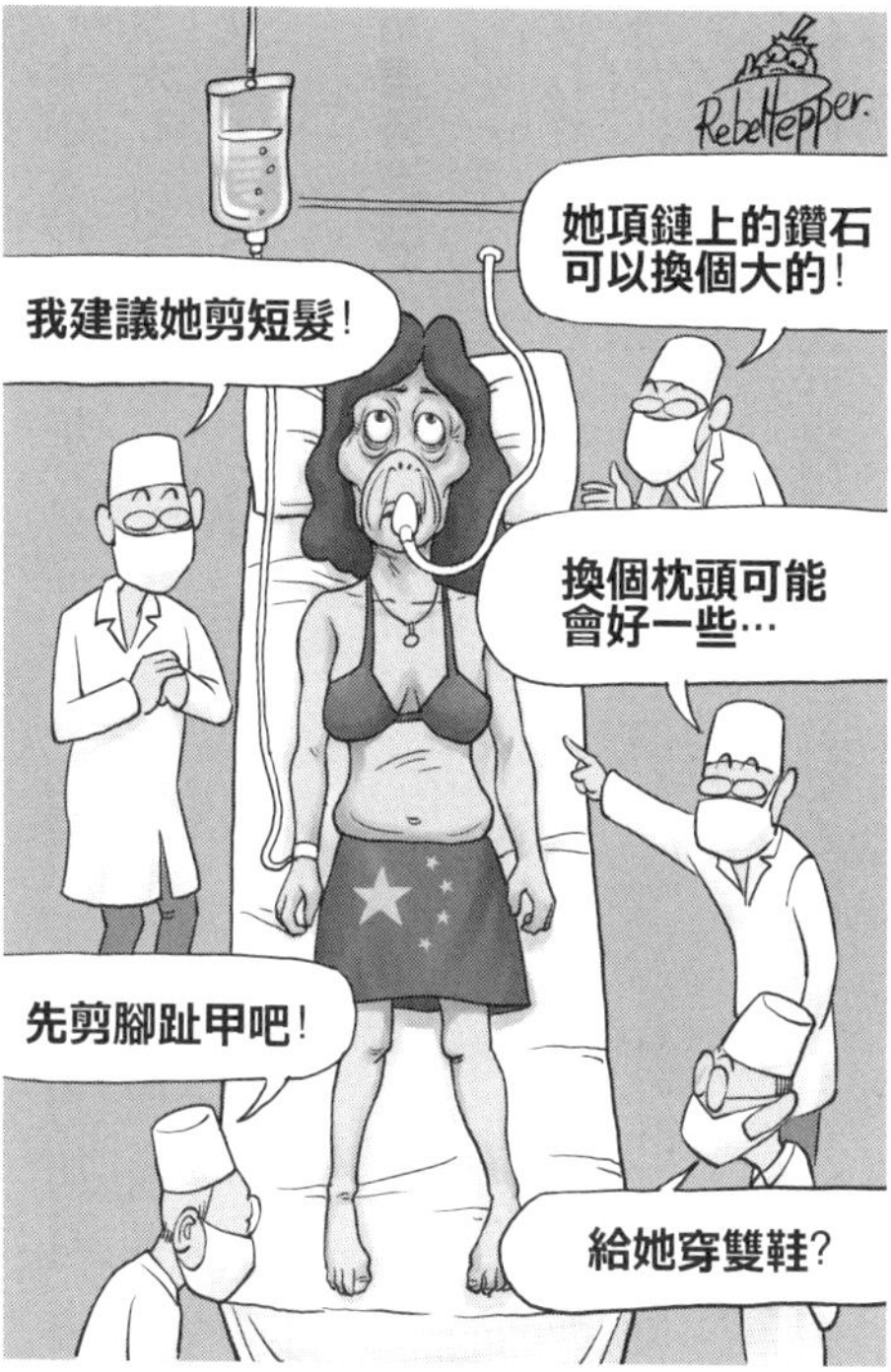

〔図 19〕瀕死の女性（中国）に医師たちは次々と治療案を提案するが、的外れなものばかり。常に改革を約束しながらも、その改革が的外れである中国の現状を示している。セリフは左上「ショートカットにしたらいいんじゃないかな」左下「まず爪を切ろう」右上「枕を換えたらよくなるかもね」右中段「ネックレスのダイヤをもっと大きなものに換えよう」右下「靴を履かせたらどうだろう？」

力は少なくとも短期的には経済的問題で揺らぐことはない。いびつな体制が続くという悲観的なビジョンを持っているのです。

中国人の多くは現状に満足し、楽観しています。明日、自分のすべてが奪われてもおかしくない社会に生きながら、今の小さな幸福に満足している。本当のリスクを見ようとしていないのです。

中国経済三つの課題

第一章で説明したとおり、変革への期待はネット論壇の力と中産層の誕生によって裏打ちされたものだった。政権がネット論壇の手法を模倣、簒奪したとはいえ、中産層という要件は生きているのではないか。自らの財産と環境を守るために独裁体制の修正を求めるのではないだろうか。

中産層の拡大は中国政府にとっても歓迎すべき事態である。彼らが政府批判、抗議活動の中核となることは避けたい事態だが、中国経済のさらなる成長のためには分厚い中産層を形成し内需を拡大することが絶対条件となる。

しかしながら、結論を先に言えば自律的な中産層の誕生という期待は現時点では幻想にとどまっている。その要因は二つ。中国政府自体が経済のコントロールに苦慮《くりょ》しており、自律的かつ自由な市場の育成に失敗していること。そして国家による強力な経済コントロールが続く中、中産層は反対することなく、逆に適応することで利益を享受《きょうじゅ》する社会グループとなっているからだ。

近年の中国経済には大きく三つの課題があった。国家資本主義からの脱却《だっきゃく》、地方政府主導の過剰投資の解消、そして金融改革である。

まず国家資本主義について説明しよう。もともと中国は社会主義国家だったが、文化大革命後に改革開放と呼ばれる経済改革を断行《だんこう》し、漸進的《ぜんしんてき》に市場経済を導入するようになる。市場経済導入を主張する右派と社会主義経済擁護を主張する左派の対立は続くが、大枠で見れば30年あまりの経済改革は市場経済の拡大というトレンドを描いている。岡本信広《おかもとのぶひろ》『中国――奇跡的発展の「原則」』（アジア経済研究所、２０１３年）はこれを「政府の退出」と呼び、経済的自由の拡大こそが中国経済成長を支えたと論じている。もっとも「政府の退出」過程が終了したわけではない。どの部分まで退出するのか、いまだに慎重な駆け引きが続いている。

第二に投資過剰の解消だ。GDPを支出面から見た場合、投資と消費、そして輸出入の三分野に分けることができる。「世界の工場」と呼ばれる中国だけに、輸出がGDPを支えていると思われる方もいるだろうが、現実には投資の比率が極端に高い。梶谷懐《かじたにかい》は共著書『超大国・中国のゆくえ4　経済大国化の軋みとインパクト』（東京大学出版会、2015年）において、異常な投資拡大を投資過剰として分析している。

投資過剰とはなにか。投資によって得られるリターンは投資額の増大によって減少していく。うま味のあるプロジェクトから投資されていくので、投資額が増えれば効率が悪いプロジェクトにも資金が配分されるためだ。リターンの低下が続けば、ある時点で投資するよりも消費に費やしたほうが得となる段階を迎える。ところがこの原理に背《そむ》き、リターンがどれほど低下しても投資の伸びが続く状況を投資過剰と呼ぶ。

なぜ中国は投資過剰に陥っているのか。その理由は地方政府にある。官僚の評価基準を「政績」と呼ぶが、一人っ子政策を遵守《じゅんしゅ》させたか、陳情数を減らしたか、スポーツ大会で成績をあげられたかなどさまざまな評価対象がある。余談だが、中国では四年に一度、全国運動会と呼ばれるスポーツイベントが開催される。省ごとにメダル数を競うもので、自治体のメンツと地方官僚の評価を賭けた戦いである。地方官僚にとっては五輪以上の重要性があると言っても過言ではない。効率よくメダルを増やすためには、不人気の個人競技を強化するのが手っ取り早い。サッカーならば11人を育成してメダルが一つ、重量挙げならば一人で一つのメダルが取れるからだ。マイナー競技における中国の強さはここに理由がある。

さて、話が横道にそれた。政績の数ある評価基準の中でも、もっともインパクトが大きく、また数字ではっきりと見えるのがGDP。つまり企業を誘致《ゆうち》し投資させることが地方官僚の出世につながる。この政治構造がいびつな投資偏重《へんちょう》を生み出した。米国に亡命した中国人ジャーナリストの何清蓮《かせいれん》氏は、この状況を「一度動き出した官僚マシーンは止められない」との言葉で評価している。投資偏重の成長からルールを変えるべき時期にいたっているのは誰の目にも明らかだが、従来と同じ道を機械のようにひたすら繰り返してしまう。

経済政策だけではない。たとえば一人っ子政策だ。中国の少子・高齢化が急ピッチで進むなか、一刻も早い一人っ子政策廃止が必要だと研究者は提言しているが、当局は政策を転換できない。それというのも一人っ子政策を主管する計画生育部局は村々にまで担当者がいる巨大官僚組織。彼らの仕事を消滅させる政策変更は難題だ。さらに一人っ子政策違反の罰金は基層自治体の貴重な財源となっており、政策転換を困難にしている。

最後に金融改革について説明しよう。前述の投資偏重を支えたのは中国金融のいびつな状況である。債券や株式など多様な資金調達が可能な先進国とは異なり、中国ではほとんどの資金調達が銀行経由で行なわれてきた。しかも預金金利・貸出金利が厳しく制限され、預金者にはスズメの涙の利息しかつけない。中国の預金金利は物価上昇率を下回る水準で、銀行にお金を預けておくと購買力ベースでは目減りしてしまう。中国人は投資好きとよく言われるが、これもやむにやまれずという側面が強い。つまり貯金するよりも、なんらかの投資をするほうが財産を守る合理的な選択肢となるからだ。

一方、お金を借りる企業は低金利での資金調達という好条件に恵まれてきた。ただしすべての企業がこの恩恵にあずかれたわけではない。銀行には貸し出し枠があり、その枠にありつけるのは強い政治力を持った国有企業が中心となる。民間企業と比べて本業の収益率は低い国有企業だが、有利な条件で融資を得て、それを又貸ししたり投資するだけで莫大《ばくだい》な利益をあげることが可能だった。このいびつな構造を変えるためには金融改革が必要になる。

国家資本主義からの脱却、地方政府主導の過剰投資の解消、金融改革。この三つの課題に中国がどう挑み、そして苦慮しているのか。この視点から振り返ってみよう。

リーマンショックから始まるドミノ倒し

「世界でもっとも早くリーマンショックから立ち直った」

これは２０１０年の温家宝首相の発言だ。世界金融危機を誘発したリーマンショックは中国にも多大な衝撃を与えた。胡錦濤政権は４兆元対策と呼ばれた巨額の財政出動で対抗する。成長率は２００７年の14・２％からリーマンショックが起きた２００８年には９・６％、翌年には９・２％と２年連続で10％を割り込むが、２０１０年には10・4%と二桁台を回復している。

世界経済が落ちこむ中、唯一中国だけが回復基調に乗った。これが思わぬ事態を呼び起こす。

津上俊哉《つがみとしや》『中国台頭の終焉』(日本経済新聞出版社、2013年)はこのリーマンショックが中国の「大国意識」急拡大の転換点になったと指摘する。日米欧の成長率が急減速するなか、中国のプレゼンスは急速に高まり、中国では一般市民から、中国共産党指導部までもが自信を深めていった。その象徴とも言えるのが2009年7月の駐外使節会議で胡錦濤国家主席(当時)が示した外交路線の転換だ。「韜光養晦、有所作為(能力を隠し力を蓄え、少しばかりをなす)」との鄧小平の遺訓を、「堅持韜光養晦、積極有所作為(能力を隠し力を蓄えることは続けるが、積極的に外交を展開する)」と修正したのだ。

その後の中国外交の強圧ぶりは日本人がよく知るところだ。尖閣《せんかく》諸島国有化直後から中国巡視船が定期的に尖閣諸島近海を巡回、領海侵犯を繰り返している。また東シナ海防空識別圏を制定し、中国軍の勧告に従わない場合には武力行動を取ると規約に

〔図 20〕2015 年 9 月 3 日は抗日戦争勝利と世界反ファシズム戦争勝利の 70 周年記念として大軍事パレードが実施されることが決まった。一部の中国メディアは逆らい続ける日本を威嚇することが目的だと伝えている

明記した。さらに2015年9月3日には抗日戦争勝利記念日に大軍事パレードを実施するが、中国メディアは日本に対して軍事力を誇示することが目的だと報じている。この一件を辣椒は風刺漫画にしている［図20］。中国は2010年に日本を抜きGDP世界2位となった。米国を抜いての世界一も近いと自信を強め、従来以上の強硬姿勢を示すようになった。

危機から一転、多幸感に包まれた中国だが、それもそう長続きはしなかった。そもそも中国はリーマンショックまで高成長を続けていたとはいえ、投資過剰が懸念《けねん》されていた。調整が必要というタイミングで4兆元対策が打たれ、巨額の財政出動と過度の金融緩和により、膨大なマネーが市場に供給されてしまった。この副作用が現在にまで続く悩みのタネとなっている。

インフレ、デフレ、微刺激《ウエイツージー》

まず表面化したのは物価の高騰だ。2011年の物価上昇率は5・4%を記録し、3%の政府目標値を大きく上回った。しかも実態は政府の統計を大きく上回るというのが中国庶民の実感だ。余談だが、円安の影響もあり、中国を訪れた日本人にとってももはや中国は安い国ではない。特に大都市圏では日本と同じクオリティの生活をしようと思えば、中国のほうが圧倒的に高い。高い税金と地代、非効率な物流などが要因となっている。中国人観光客による「爆買《ばくが》い」が話題となったが、自国で買うよりも安いのだからなるべくたくさん買っておきたいという気持ちは理解できる。

中国人観光客の急増は2014年末から始まったが、その原動力は日本政府のビザ発給条件緩和《かんわ》、円安、そして日中首脳会談の実現による対立緩和だろう。習近平と安倍首相が顔を合わせたことで、中国人に、日本旅行に行っても政治的リスクはないとのメッセージを送った。ちなみに辣椒が中国官製メディアから一斉批判を受けたのは首脳会談のわずか3カ月前の8月のことだった。「漢奸」「媚日」と批判されたが、「媚日」との批判を受けた理由の一つは日本に関する漫画を発表していたためだろう［図21］。5月から日本に滞在していた辣椒は目にしたさまざまな出来事を漫画や文章、写真で発表していた。とはいえ、温水洗浄便座を褒《ほ》めたことで「媚日」と批判されてはたまったものではない。なお、温水洗浄便座はその後、中国人観光客の必須お土産《みやげ》アイテムとして売れ行きを伸ばしている。

さて、実感とかけはなれた中国の物価統計だが、なにも政府が数字を操作しているわけではない。家電製品やデジタル製品が値下がりしている一方で、食品やエネルギー、サービスなどの価格が急速に上昇していることが大きい。とりわけ注目を集めやすい食品と不動産の価格高騰《こうとう》が人々に現実以上の物価高の印象を与えている。

1989年の天安門事件だが、遠因は物価統制の失敗によるインフレで市民の不満が高まったことにある。物価上昇は中国共産党にとっては絶対に避けたい事態だ。胡錦濤政権最後の政策課題は物価との戦いとなった。景気対策から一転しての金融引き締め、不動産購入売却規制、政府備蓄食糧の放出、製油企業や発電企業に赤字を負わせるエネルギー価格の制限、低所得者向け住宅の大量建設など涙ぐましい努力を続けるにいたった。

しかし金融を引き締めると、途端に景気が悪化する。政権は「微刺激」と呼ばれる小規模な対策で乗りきろうとするが、そのさじ加減はきわめて難しい。刺激が弱ければ景気悪化は止められず、強すぎればリーマンショックの二の舞だ。国営通信社・新

〔図21〕日本の公衆トイレのきれいさ、ハイテクぶりを紹介する辣椒の漫画。温水洗浄便座はもともと米国で開発されたが高価なため普及はしなかった。それを日本企業が改良し庶民でも購入できる価格に引き下げた。中国でも大人気で、定番の日本土産となっている。特に政治的な背景のない漫画だが、後に「媚日」として辣椒は批判されることになる

華社は2012年5月、「今回の安定成長プランは4兆元対策とは違う。低効率投資や資産バブル、インフレといった問題を繰り返すことはない」との記事を掲載した。中国に自信をもたらした4兆元対策が失敗だったと率直に認めてしまった。

ドタバタの末、2012年の物価上昇率こそ2・65%と目標値を下回ったが、リーマンショックの後遺症《こういしょう》のすべてが癒《い》えたわけではない。まさに混乱の最中で習近平にバトンが渡されたのだった。

習近平体制発足後、経済運営の実務にあたる李克強首相は次々と新政策を打ち出した。英投資銀行バークレイズ・キャピタルのリポートは、李克強の経済政策をアベノミクスにならいリコノミクスと呼び、「景気刺激策を打たない、デレバレッジ、構造改革」が3本の矢だと分析している。つまり、政府の景気対策に依存する体質の改善、高止まりした地方政府の債務削減、政府の許認可権の廃止や国有企業部門への民間資本参入を促すことでイノベーションを起こす、この3点セットの政策というわけだ。1本目と2本目の矢がアベノミクスの真逆となっている点が興味深い。

2013年12月に習近平をトップとする全面改革指導小組が創設されると、経済改革の主導権は習近平の手に移り、リコノミクスという言葉は聞かれなくなった。しかし方針自体に大きな変化はない。以前よりもやや成長率が落ちた状態が続くという新常態（ニューノーマル）という言葉が大々的にフィーチャーされた。

もっとも習近平体制になって経済が安定したかといえば、そういうわけではない。いくつもの深刻な問題がかわるがわる表面化している。

米国のセメント消費量100年分を、中国は3年で消費

最初に浮上したのが生産能力過剰だ。太陽電池、製鉄、アルミ、セメント、造船などを筆頭に多くの分野で過剰な設備投資が実施された結果、稼働《かどう》率が著しく低下する事態を招いた。特に有名なのは太陽電池だろう。世界的なクリーンエネルギー人気を見こして中国では各地に太陽電池メーカーが乱立。競って設備投資を進めたが、供給過剰となった結果、製品価格が暴落。2013年には売上高世界一を記録したサンテックが破綻《はたん》する事態となった。また同年には中国製品のダンピングを問題視した欧州連合（EU）が懲罰課税を検討し、中国との外交問題ともなった。

習近平体制は老朽化した施設の淘汰《とうた》、再編合併の促進、さらに輸出拡大によってこの問題を解決しようとしている。日本で注目を集めたアジアインフラ投資銀行（ＡＩＩＢ）も、生産能力過剰解消が狙いとも言われている。これを題材に描いた辣椒の風刺漫画がある［図22］。中国はＡＩＩＢを通じてアジアの途上国に資金を貸し付け、中国から鋼鉄やセメントなどの原材料を輸入させようと考えている。中国経済の分け前にあずかろうと多くの国々が競ってＡＩＩＢに参加したが、中国の国内事情優先のＡＩＩＢに参加すれば、結局痛い目に遭うのではないかという警告だ。

もっとも輸出で解消できる量にはかぎりがある。最終的には企業の淘汰や工場の閉鎖を通じて生産能力を適正レベルにまで調整することが必要だ。自由経済では市場メカニズムによって低効率企業は淘汰される。ところが中国では地方政府が自分たちの手駒である企業をどうにか守ろうとする地域エゴイズムが働くため、淘汰が進まない。生産能力を削減するどころか、改修工事名目で拡張したり、あるいは「微刺激」で中央政府の締め付けがゆるんだ隙に認可を取ったりと、さまざまな手段を駆使して投資を拡大しようとする。

〔図22〕中国主導で開設されたアジアインフラ投資銀行(AIIB)。日米の反対にもかかわらず多くの国々が争って参加したが、甘い約束の向こうには怪物が待っている

こうした拡張主義の結果、中国の投資は信じがたいレベルに達している。2015年3月、米紙ワシントンポストが掲載した記事は衝撃的だった。2011年から2013年に中国が消費したセメントは66億トン。米国が1901年から2000年の100年間に消費した45億トンを上回ったという。人口や時代の違いがあるとはいえ、信じられない量の建造物が建てられたことの証明だ。汪洋《おうよう》広東省委書記（当時）は無駄な投資が多いことを嘆き、次のような言葉を残している。「橋を建てればGDPになる。この橋が倒壊すれば解体処理もGDPだ。そして再建してもGDPになる。社会の財産を大量に浪費したが、本当に価値があるのは最後に作られた橋だけだ」。

こうしたいびつな投資があらゆる分野で続けられている。重工業だけではない。意外な分野、たとえばアニメ産業にすら過剰投資は存在する。アニメの制作は大量の人手を必要とする労働集約産業の典型だ。中央政府は雇用拡大とクリエイティブ産業振興を題目としてアニメ産業に力を入れている。

これに目を付けたのが地方政府だ。「アニメ制作基地」の名目ならば、開発プロジェクトに中央政府の認可が下りやすい。かくして中国各地でアニメ企業の創業ラッシュが進んだ。地方政府はアニメ産業に補助金を出しているが、その基準は1分あたり500元、3Dアニメならば1000元といった形式で、アニメの質や商業的な成績ではなく、単純な量だけを基準としている。そのためきわめて低品質なアニメが乱発され、企画から絵柄、構図などすべてを海外作品の剽窃《ひょうせつ》から構成したパクリ作品をも大量に生み出す結果となった。2010年に中国が制作したアニメは385タイトル、時間数にして22万分を数えた。数の面では日本をダブルスコアで圧倒するアニメ大国となったが、質の面では残念な結果に終わっている。

「上に政策あらば下に対策あり」。銀行からシャドーバンキングへ

地方の過剰投資を支えていたのが、日本でも注目を集めたシャドーバンキング（影の銀行）だ。

金融危機を恐れる中国政府は資本市場に強力な規制をかけている。そのため資金調達の選択肢に乏《とぼ》しく、ほとんどは銀行融資に依存している。投資にストップをかけようとした中央政府は銀行から地方の投資プロジェクトへの貸出を規制する。中国には

「上に政策あらば下に対策あり」という言葉がある。どんな政策が施行されてもその抜け穴をつくることができるという意味だ。銀行融資の規制という政策に対し、持ち出された抜け穴がシャドーバンキングであった。

シャドーバンキングとは銀行業としての厳しい規制を受けていない融資システム全体を意味する言葉だ。日本でよくイメージされるのは中国の「高利貸《ガオリーダイ》」だ。日本の高利貸しとは漢字は同じでも意味はかなり違う。中国の高利貸とは一般市民がお金を預けて、それを高利回りで人に貸し付け投資するという民間金融を指す。しかもマルチ商法のように友達や知り合いを誘って雪だるま式に参加者が増えていくという仕組みだ。

ふと気がつくと街中に高利貸のチラシが出回り、知り合いがみんな高利貸の話をするようになり、街中が高利貸の話題一色に。高利回りをもらってみんながほくほく喜んでいるが、しばらくすると投資先の破綻によって上層部は夜逃げ。知り合いを勧誘していた仲介者が吊し上げられ、損をした人々が救済を求めて政府庁舎前に集まり暴動騒ぎとなる。これが典型的なパターンだろうか。まるで伝染病のように街から街へとこの高利貸騒ぎが移っていくというのも特徴的だ。

現象としてなんとも面白い高利貸だが、しかしシャドーバンキング全体に占める比率はごくごく小規模なものでしかない。ある特定地域では損失を出した市民が続出し暴動騒ぎになるという意味で破滅的な結果をもたらすが、中国全体を揺るがすような問題ではない。

実はシャドーバンキングの主流はもっと地味な銀行のオフバランス取引なのだ。委託融資と信託融資の二種類がある。前者はある企業が別の企業に融資するのを仲介するもので、主に有利な条件で銀行から融資を受けられる国有企業が利回りの高いプロジェクトに投資するために活用された。中国経済は政治によって支配されている。銀行の融資を受けられるかどうかも政治力がカギだ。民間企業が資金難にあえいでいても、国有企業は悠々とより有利な条件で銀行から調達できる。この状況を辣椒は漫画で風刺している［図23］。李克強が注ぐ銀行融資というお茶、その恩恵にあずかれるのは国有企業だけで、民間企業は干上がっている。

さて、もう一つの信託融資だが、こちらはある企業が必要とする融資を信託商品として販売するというもの。中国の一般市民が購入していたシャドーバンキングとは主に信託融資を指す。

このシャドーバンキングがなぜ問題なのだろうか。第一に銀行業に課される厳しい規制の枠外にあり、また金融当局が全体の規模を把握する仕組みがなかったこと。全体のリスクが明らかにされていないために、トラブルが起きればその影響がどこまで広がるのかわからない。米国のサブプライムローンと同じく金融全体の麻痺《まひ》につながると懸念された。そして第二にシャドーバンキングが地方政府にとっての打出の小槌となっていた点だ。中央政府は地方政府によるむやみな投資を抑制するべく、銀行融資に厳しい規制をかけたが、地方政府はその代わりにシャドーバンキングから資金を調達して投資を進めていた。過剰投資ゆえに利回りが低いプロジェクトにもかかわらず、シャドーバンキングを通じて銀行よりも高い金利で資金を調達するのだから、事業が成り立つ可能性はより小さくなる。

融資を返還《へんかん》できない以上、再び資金を調達して返済に回すしかない。このようなゾンビ企業、ゾンビプロジェクトの数が増えるに従い、資本の効率性はますます低下

〔図 23〕中国では政府と強いパイプを持つ国有企業にばかり銀行融資が集中している。李克強が「国家融資」と書かれたポットのお茶を注いでいるが、もらえるのは国有企業だけ。貧しい中小企業には一滴も与えられていない

し、中国経済全体のパフォーマンスを押し下げた。また資金の借り替えができなくなれば、地方政府の破綻にもつながりかねない。最大16兆元（約320兆円）とも推計される巨大な地方債務が新たな中国経済の火種《ひだね》として注目されることになった。

中国政府はこの問題にいかに対処したのだろうか。まずオフバランス取引について当局が状況を把握するとともに、地方政府にシャドーバンキング経由での資金調達を禁じた。さらに資金買い替え需要にあたっては地方債を発行することで充当させた。地方債の収益性、安定性を疑問視する声もあったが、政府は銀行に購入するよう圧力をかけると同時に、銀行が地方債を担保に中央銀行の融資を受けられる優遇措置を講じることで購入を促した。かくして地方債務はシャドーバンキングの高金利から低金利の地方債への借り替えが可能となり、地方の負担は大きく軽減した。

だが、この副作用が次の問題を生む。新規投資を絞ったことで中国のマネーは新たな投資先を求める。それが株式市場だ。上述の地方債務対策と軌《き》を一《いつ》にして、2014年秋頃から中国株は急上昇を続ける。しかしこの株高は中国経済の実力を反映したというよりも、行き場を失ったマネーが流れ込んだ投機的な側面が強い。かくして2

015年6月から一気に急下降が続き、中国政府が半狂乱の株価対策を打つ状況が現出したのだった。

ここまで習近平体制発足前後の中国経済を振り返ってきた。リーマンショックに端を発する副作用がドミノ倒しのように次々と出現し、中国政府が手をこまねいているというのが現状だ。問題は国家資本主義からの脱却、地方政府主導の過剰投資の解消、金融改革という三つの課題について、対策が大きくは進んでいない点にある。むしろ危機からの脱却に国家が大きな力を発揮する必要に迫られ、国家資本主義の色合いが逆に強まってしまった。ふらふらと安定しない中国経済。政府はどうにか安定させようと微調整を試みるが、初心者ドライバーのようにハンドルを右に左に大きく切ってしまい、蛇行を続けている。

微調整がきかない中国経済

地方政府主導の投資経済を脱するためのアプローチが、政策によって経済状況が右往左往してしまう状況に拍車《はくしゃ》をかけてしまった。そして、WTO加盟直後、中国では

「国退民進」と呼ばれる民間企業セクターの拡大が続いていたがわずか数年でこの流れはとどこおり、むしろ「国進民退」と呼ばれる国有企業の肥大化《ひだい》が続いている。

　習近平政権は民間資本の国有企業投資、鉄道など国有企業のみに認可していた事業分野への民間参入の許可などの改革を打ち出しているが、現実的には大手国有企業の合併によるさらなる寡占化《かせん》が進んでいる。また民間企業も生き残るためには政府との太いパイプを必要とするため民間企業大手は国有企業に似た性格を有するようになった。

　2000年代前半に生まれた数々の民間企業も結局は政府との強いパイプを武器にビジネスを進めるようになったわけだ。その代表格が史上最大のIPOで世界的な話題となったアリババだ。創業者ジャック・マーは政治の干渉を嫌い、独立した経済の重要性を説《と》く人物として知られていたが、アリババの成長に伴い高官子弟（官二代）が率いるプライベートファンドが大株主として名を連《つら》ねるようになった。その御利益《ごりやく》はすさまじく、ニセモノ商品販売で中国工商局と対立した際には、当局側が折れたほどだ。強力な政治力を持っている。

〔図 24〕株価急落に中国政府は異例の対策を導入した。国費を投入して買い支えたほか、「悪意の空売り」の実行者の逮捕、企業創業者・幹部の売却禁止、一部銘柄の売買中止といった、およそ自由市場とはほど遠い株価対策が行なわれた。この風刺漫画では「俺が賭場を開いているのにたったこれだけしか賭けないなんて？　なんたる傲慢！」と習近平が投資家をどやしつけている。もっとも賭けといっても買い注文（株価上昇）にしか賭けることは許されず、空売り（株価下落）には 1 枚のチップも置かれていない

昨年から今年6月にかけて続いた株高は不動産市場から資金を退出させること、企業の資金需要を満たすことを目的に政府が誘導したものと言える。こうした政府の意図に敏感に反応するのが中国国民だ。企業価値を評価すれば明らかに高すぎる株価だが、政府が株高を演出する意志がある限り株価は落ちないと判断している。市場を読むのではなく、政府の顔色を読んで売買する投機市場となってしまった。辣椒は「中国株カジノ」だと風刺している［図24］。

しかも株価急落に中国政府はあまりにもナーバスな反応を示した。証券会社に株価が一定水準まで回復するまで保有株を売らないと証券会社に宣言させる、国費を投入して買い支える、「悪意の空売り」の実行者を逮捕すると表明、企業創業者・幹部の売却禁止、一部銘柄の売買中止といった、およそ自由市場とはほど遠い株価対策が行なわれた。政府の強力な対策によって株価下落は止まったが、その副作用は大きい。中国市場は政府の胸一つで株価が操作され、売買が中止されるリスクがあることを示してしまったからだ。金融市場の自由化に向けての長年の努力を水の泡としかねない対策は、中国経済の政治依存が今なお深刻であることの何よりの証左《しょうさ》となった。

一般庶民も国家資本主義に適応

国家資本主義に適応したのは企業だけではない。一般庶民もそうだ。就職でもいわゆる「鉄飯碗《ティエファンワン》」（鉄のお茶碗。くいっぱぐれないとの意）の公務員、国有企業に人気が集中している。中産層は生まれたが、自律的どころかより強い政府の保護を求めるようになってしまった。

その象徴とも言えるのがシャドーバンキングにおける「剛性兌付《ガンシンドゥイフー》」、そして株価急落における政府救済だ。シャドーバンキングのうち信託融資は一般投資家から信託商品としてお金を集め、それを企業に高利で貸し付ける仕組みだ。通常の銀行融資を受けられない企業に投資している以上、破綻リスクが高いと考えるのが当然だ。ところがこの信託融資では基本的にそうした事例はない。いや、融資を受けた企業が破綻した事例ならば無数にある。

だが、その場合には必ずや「神秘の投資家」が現われて救済したり、あるいは別の企業が合併することによって救済される。少なくとも約束された利回りが支払われないことはあっても、元金まで損害が及ぶことはないのだ。これを「剛性兌付（絶対償還）の神話」と呼ぶ。「治安がすべてに優先する」が至上命題の中国において、個人投資家が騒ぎを起こすようなことが起きれば、破綻企業を管轄《かんかつ》する地方政府の官僚にとっては許されざる失点となる。

そのためになんらかの救済手段を用意するわけだ。だが、政府の意向によって救済した「神秘の投資家」や別の企業も慈善事業としてやっているわけではない。手助けすることによって、政府とのパイプを強化しさらにおいしい話にありつけることを期待しての行動だ。かくして中国経済のいびつさにはさらに拍車がかかることになる。

こうした構造をよく理解しているのが中国人だ。なにか事あれば政府の救済を求める。「良き君主」たらんとする中国共産党が民草《たみくさ》の助けを求める声に弱いこと、治安の混乱を何よりも恐れていることを知っての行動だ。２０１５年６月の株価急落でもこうした依存関係は繰り返された。

ネットには政府に救済を呼びかける声がこだまし、管轄当局である証券業監督管理委員会の前では救済を求めるデモまで行なわれた。中国官製メディアは株価急落には敵対勢力の関与が疑われると発表、また、悪意ある空売りを取り締まるために公安部副部長が警官隊を率いて証券業監督管理委員会を捜査するというパフォーマンスまで行なわれた。第三者の目から見れば、中国政府の対応は常軌を逸した株価維持策であり、中国市場のいびつさを浮き上がらせたという意味で長期的には大きな悪影響をもたらす愚策《ぐさく》にしか見えない。しかし中国政府、そして株価救済を求めた人々は共犯関係を築き、徳ある君主が悪人を打ち倒し正義をもたらしたという寓話《ぐうわ》的エピソードを描いたのだった。

現行の体制の改革を求めるよりも、適応して利益を得たほうが合理的な判断かもしれない。しかし、その先には一般市民自らがいびつな現行体制の維持を求めるという暗い未来が待っている。

さらに国家資本主義に適応できなかった人たちも、民主主義的な改革を求めるとは限らない。近年、中国で注目を集めているのが毛沢東左派の台頭だ。２０１２年の反日デモでは、毛沢東の肖像画を手にデモを行なった人々が出現した。彼らは、中国が西洋的な制度を導入したことが問題であり、社会主義の時代に回帰《かいき》するべきと主張している。汚職容疑で失脚した元重慶市委書記の薄熙来《はくきらい》は左派を支持基盤にしようと、数万人を集めて革命歌を歌う唱紅《チャンホン》運動を展開したほか、地方テレビ局にも左派色の強いチャンネルを作ったり、革命地旅行を推奨するなどの動きを見せた。薄煕来の失脚とともに毛沢東左派は政府から監視の対象とされ、そのネット上の拠点であったサイト「烏有之郷」も閉鎖させられた。

もっとも政治運動に参加してはいなくとも、左派的な心性に賛同する人は少なくない。失業労働者など経済成長の恩恵《おんけい》にあずかれなかった人々にとって、国家がゆりかごから墓場まで面倒を見てくれたかつての生活に戻りたいと考えるのは自然だろう。また記憶の風化に伴って、文化大革命時代の苦しさも忘れ去られつつある。中国の歴史ドラマや映画では文化大革命時代を扱った作品も少なくないが、「貧しくもみんなが協力し、がんばった時代」として描かれていることが多い。いわば中国版「三丁目の夕日」である。

民意が廃止した弱者支援

国家資本主義の恩恵を受けた一般市民が自分たちの既得権益を守るために弱者を排《はい》

撃《げき》するという悲しむべき事態も起きている。その典型が「異地高考《イーディガオカオ》」をめぐる論争だ。中国では社会保障や公共サービス、教育はほぼすべて戸籍に紐《ひも》付けられている。多くの出稼ぎ農民が都市で暮らしているが、彼らの多くは公共サービスを受けられないでいた。政府も改革に乗りだしたが、その一つに「異地高考」がある。

出稼ぎ農民の指定が戸籍地ではなく、居住地での大学受験を可能にするという制度である。従来は故郷でなければ公立学校に入れず、また大学受験に参加できなかったため、子どもたちだけで農村に帰り、親戚や祖父母に面倒を見てもらうという状況が一般化していた。こうした子どもたちを「留守児童《リューショウアルドン》」と呼ぶが、親の目の届かぬところで暮らしているうちに不良になってしまったり、あるいは子どもたちだけの暮らしに絶望して自殺するという事件が次々と起こっている。「異地高考」政策は厳しい条件を課した上ではあるが、居住地での大学受験を認めるものであり、出稼ぎ農民が子どもと一緒に暮らせる道を開く画期的な政策であった。ところが上海市や北京市、広州市などの大都市で一般市民による反発が巻き起こった。

中国の大学入試合格枠は、自治体ごとに設定されている。たとえば多くの大学を擁する上海市は大学定員が多いため合格がしやすい。同じ北京大学の合格者でも、上海市ならばそう困難ではないが、貴州《きしゅう》省や河南《かなん》省などの教育後進地域から合格するにはまさに神童のような成績が求められる。「異地高考」を認められれば、大都市の合格枠が出稼ぎ農民子弟に占拠されてしまう、自分たちの子どもが合格できなくなってしまうと考えた一般市民が戸籍差別の継続を求めてデモを行なうという事態にいたったのだった。鄧小平は「先富論」を唱え、先に豊かになった者が他の地域を助ければよいと論じたが、先に富んだ地域は既得権益を守るために改革を拒むという状況が出現したのだった。

少数民族問題でも同様の対立が存在する。少数民族地域に対する財政支援や大学入試におけるアファーマティブアクション（改善措置）、一人っ子政策緩和などの政策に世論が反対するようになってきた。「怠け者の少数民族を漢民族が救う必要はないのではないか」という蔑視《べっし》の視点がそこにはある。すでに大学入試におけるアファーマティブアクションは縮小された。さらに民意を背景に少数民族文化の保護を打ち切ろうとする動きまである。

中国の少数民族政策は旧ソ連の影響を多分に受けている。強い統制をしく一方で、建て前上は民族の自治と文化の保護がうたわれてきた。ところが近年、一切の少数民族政策を廃棄し、漢民族と少数民族と平等に扱うべきではないかという意見が台頭している。政治力や人間関係などで劣位に置かれている少数民族が同じ競争を強《し》いられれば漢民族に勝つことは難しく、漢民族と少数民族の亀裂《きれつ》が広がることは必至だ。

第四章　自律的な市民と、客体としての愚民の狭間で

辣椒《ラージャオ》が語る「中国社会に対する絶望」

――前章では中国の経済的な変化を振り返り、期待されていたような自律的な中産層を生み出すにはいたらなかったこと、そして一般市民もそうした現状に不満を抱き、反旗を翻《ひるがえ》すというよりは、むしろ現状に過剰適応していると論じてきました。習近平体制による上からの統制だけではなく、下から、すなわち国民の間にも改革の期待を退行させる要因があったのではないでしょうか？

辣椒　まさしくその点こそが、私がもっとも危惧《きぐ》するところです。すでにお話ししましたが、もともと私は政治にほとんど興味を持っていなかったのに、ネット論壇の盛り上がりに魅せられて風刺漫画を描くようになりました。ひょっとするとこの先に中国の変革があるかもしれない。そうした期待に突き動かされたのです。

しかし、風刺漫画家として活動するようになって数年、次第にネット論壇の限界をも感じるようになりました。警察や国家安全保障局にいつ呼び出されるかわからない、ひょっとしたら逮捕されるかもしれない、そうした恐怖があったことも事実です。ですが、それ以上に大半の中国人はすでに今の社会に満足していて、変革への期待はそう大きなものではないのではないかと感じたからです。もちろん大きな事件があればネット論壇は一気に活性化し、社会に影響力を及ぼします。私のイラストがその起爆剤となったこともありました。でもそれは一時のものであり、祭りが終わればすぐに中国共産党が支配する日常が戻ってきます。

——辣椒さんがネット論壇の限界を感じるようになったのはいつごろでしょうか？

辣椒　なにかのきっかけでこうした考えがまとまったわけではありません。風刺漫画家としての活動を続けながらも、次第にネット論壇の世界が色あせて見えるようになったのです。ですから、どのタイミングで限界を感じたのかははっきりと覚えていませんね。

一つ思い出したのは２０１２年４月の陳光誠亡命事件です。この時点ではすでにネット論壇にかなり幻滅し、風刺漫画の発表も少なくなっていました。しかし、中国の人権活動家の中でも、とりわけ多くの犠牲を支払って戦った陳の亡命事件に私の気持ちも燃え上がりました。漫画だけではなく、ネット論壇のオピニオンリーダーたちからの連絡もあり、陳支援の声を広げようと力を注ぎました。この事件以後は作品の発表もずいぶん減ってしまいましたね。

――辣椒さんは2014年8月に実質的な日本への亡命を決めたわけですが、陳光誠事件から2年あまりはどのような活動をされていたのですか。

辣椒 作品を発表しなかったわけではありませんが、数は減りました。何より自己検閲するようになったのです。身を守るためという理由もありましたが、それ以上にアカウントを消されたくなかったというのもあります。新しいアカウントを作って発表することはできますが、せっかく得た読者、フォロワーがまたゼロになってしまうのですから。

漫画家にとって読者がいることが最大の喜びです。その表現の場を奪われたくないという思いがありました。この頃から私は海外移住を考えるようになりました。表現の自由がある国で思いっきり創作活動に打ち込みたいという思いを抱くようになったのです。もちろん海外移住は簡単なことではありません。移住するまでも大変ですし、移住した後も文化の違いや生計など多くのハードルがあるでしょう。それでも創作を第一に考えてしまうのは漫画家の性《さが》と言えるかもしれませんね。

私が望んだ結果ではありませんが、私は2014年に中国に帰ることができない身となってしまいました。祖国から捨てられた悲しみは筆舌《ひつぜつ》に尽くしがたいものがあります。ですが、この一件で悟ったことがあります。中国共産党が支配するかぎり、中国にはもはや私の居場所はないのだ、と。私が帰国する時、それは独裁体制が終わった時です。中国共産党が私を排除するというならば、私は徹底的に戦うしかないと決意したのです。こうして私は自己検閲をやめました。

――確かに亡命を決めてからというもの、辣椒さんは本当に積極的に作品を発表されていますね。しかも中国共産党や習近平を徹底的にコケにする作品をお描きになっています。自己検閲されていた時の作品よりも大きな反響があるのではないですか？

辣椒　残念ながら違います（苦笑）。まず中国国内の検閲システムで私の作品は徹底的に排除されました。私がツイッターで発表した作品を、ＷｅＣｈａｔ（微信《ウェイシン》）に転載したユーザーが警察の事情聴取を受けたという話もあります。技術に疎《うと》い人にとってはＶＰＮなど検閲システムの解除はハードルが高いので、私の作品を見ることはきわめて困難になりました。ネットを使ったとしても、中国国内向けに作品を発表することはもう難しいのではないでしょうか。

そしてもう一つ、私が自己検閲せずに徹底的に中国共産党の矛盾を突くようになると、それを見た中国のネットユーザーからやりすぎだ、過激だとの声が寄せられるようになりました。私の目から見ると、そこまでとは思わないのですが。

中国共産党が支配するかぎり中国は変わらない。これが私の結論ですが、政府に批判的なネットユーザーでも、政府に何かしら期待する人が多いのです。習近平が総書記になる前、彼が開明的な政治をして中国をよくしてくれるのではないかとの期待もありました。これは典型的な「奴才《ヌーツァイ》（家臣が皇帝に拝謁する際の一人称）」根性ですよ。賢明な君主に中国を変えてもらおうという他人任せの期待です。

しかも根拠なく政府に期待する人の数はますます増えています。一つには御用ブロガーを登用したり、顔文字やネットスラングを駆使するなど、若者とコミュニケーションを取るようになった中国共産党の手法が成功しているということがあげられます。ですが、それ以上に現実から目を背《そむ》ける人の数が増えたことが大きいのではないかと感じています。中国人は「愚民化」しているのではないかと思うこともあります。

――以前に「愚民化」という言葉を初めて聞いた時はぎょっとしました（笑）。説明を聞くとおっしゃる意味がわかりましたが。前近代の中国においては民は悪さをする「莠民《ゆうみん》」と善良な「良民《りょうみん》」とに分けられる。ただし「良民」は同時に「愚民」でもあり、皇帝や官僚の善導を受けなければすぐに乱れてしまう存在だと考えられていた。自律的な「市民」と違って常に為政者に教化を受ける存在だということですね。

中国の一部地方で「里帰り義務化」「すねかじり禁止」など家族関係にまで踏み込む条例が検討されて話題になったことがありますが、まさに道徳まで善導しようとする前近代と変わらぬ姿ですね。

辣椒 そのとおりです。愚民の反対語は賢民ではありません。政府であれ、外国敵対勢力であれ、なんらかの思想にすぐ洗脳《せんのう》されてしまう客体が愚民である以上、その反義語は自律した思考と価値観を持つ市民です。

前近代の中国において民は誰かに思想を吹き込まれる対象、客体でしかなく、自律的に思考する存在とはみなされていなかったのです。現代の中国人はどれだけ変われたのでしょうか。私はこの不安を風刺漫画として描いたことがあります［図25］。今の中国は物質面では立派になりました。ですが、心根は変わってはいないのではないか。いや、それどころか中国共産党の思想統制とプロパガンダによって悪化している可能性すらあるかもしれません。

また中国の洗脳教育によって子どもたちの発想がねじ曲げられているのではないか

〔図 25〕パソコン、エアコン、スマートフォン、コーヒー、スーツ。現代生活を楽しむ中国人。しかし、その辮髪《べんぱつ》が示すとおり、意識はまだ近代化されていない

とも危惧します。以前に教育問題に関する漫画を描いたことがあります［図26］。イデオロギー教育もそうですが、中国の教育はひたすら暗記を強要する詰め込み型です。子どもたちの創造力を抹殺しているのではないかと不安に思っているのは私だけではありません。

独裁権力の危険性に気づかない鈍感さもさることながら、自律的な判断ができないこと、それこそがもっとも憂《うれ》うべきことではないでしょうか。

なぜネット論壇は滅んだのか？

ここまで習近平体制発足以後の急激な変化について見てきた。かつて中国共産党に危機感を与え、日本をはじめ世界中に中国に変革の時代が来たと感じさせたネット論壇だが、もはや瓦解したと言っても過言ではない。

それはなぜだろうか？　政権によるネット論壇の簒奪が功を奏したのか、強圧的な思想統制の効果だろうか。確かに習近平体制の簒奪によってネットの主導権は支配者側に移ったかにみえる。金をもらって政府寄りの書き込みをするネット評論員、五毛

〔図 26〕「世界 21 カ国を対象に調査を実施したところ、中国の子どもたちは計算能力こそ 1 位だったものの、想像力はワースト 1 位。創造力はワースト 5 位だった」。この数年、中国のネットに出回り続ける転載記事の一節。実際にはそうした調査が行なわれた事実はない。記事そのものはデマだが、広く信じられている背景には、詰め込み型教育とプロパガンダ教育が横行する中国の学校ならばありうると思った中国のネットユーザーたちの不安がある

党の存在は比較的よく知られているが、今では金ももらわずに自発的に政府を支持する「自干五《ズーガンウー》」も登場してきた。もっともこうした「自干五」はたいした考えを持っていないと辣椒はばっさり切り捨てた。

その考えを示した漫画がある［図27］。日本のアダルトDVDを見ながらも、日本製品ボイコットなど愛国主義に傾倒する青年。彼の元に兵士がやってきて「日本と開戦した。命を捨てられる同志を迎えに来た」と告げる。ネットでは勇ましいことを書き込んでいた青年も、いざ本当に出征を告げられるとただただ驚くことしかできない……という内容だ。

2012年以前には世界中のメディアが中国のネット論壇を取り上げていたが、色あせた理由について説明するものはきわめて少ない。

その中で特筆すべきなのは安田峰俊《やすだみねとし》『中国・電脳大国の嘘「ネット世論」に騙されてはいけない』（文藝春秋、2011年）だ。ネット論壇の力がまだ健在だった2011年の段階で、その虚構性《きよこう》について指摘している。

温州高速鉄道衝突脱線事故の直後に中国を訪れた安田は、ネットでは中国全土を巻

〔図 27〕ネット掲示板などで活躍する愛国主義者を「憤怒青年」（略称は憤青）と呼ぶ。夜更かしして昼まで寝ている青年の部屋には、「日本製品ボイコット」「釣魚島（日本名は尖閣諸島）は中国のもの」と書かれた横断幕と日本のアダルト DVD が転がっている。すると突然やってきた軍服の男２人が、「こんにちは。日中の戦争が始まりました。命を惜しまず戦う同志をお迎えに来ました」と一言。口ばかりで本当は戦う気などなかった青年は目をむいて驚いている

き込む大問題に見えた事故について、直接会った人々はほとんど興味を持っていなかったとの体験を明かす。ネットでは「あんなもの怖くて乗れない」との声が圧倒的だった高速鉄道だが、乗客も乗員もいつもと何も変わるところがない。

当局の不適切な対応に中国のネット世論は沸騰《ふっとう》している。日本メディアはそう伝えていたが、「『沸騰』していたのは、『微博』に代表される中国のネット上の書き込みと、それをセンセーショナルに取り上げる日本の国内報道だけだったのだ。現地の社会とネット上の社会では、さながら別の中国が存在するかのようだった」と安田は辛《しん》辣《らつ》に指摘する。

このような感想を抱いているのは安田だけではない。2012年7月、東京都で映画「亡命」の上映会が開催されていた。天安門事件の学生リーダーとして投獄《とうごく》され、後に亡命を余儀《よぎ》なくされた王丹《おうたん》が初来日しトークショーを行なった。ちょうど什邡《しゅうほう》市の環境デモが行なわれていたタイミングで、王丹はこの事件が中国を変える可能性があると評価していた。席上、ある中国人学生が王丹に質問した。「ネットでは多くの人々が中国共産党に反対の声をあげ、さまざまな問題点を議論しています。まるで明日にも革命が起きそうな熱気です。ところがパソコンを離れ現実の社会を見ると、そうした熱気はみじんも感じることができません。これはいったいどういうことなのでしょうか？　ぼくたちはどうするべきなのでしょうか？」

ネットと現実社会のずれ、これはどう理解するべきなのか。安田はこう結論づけている。共産党の支配を揺るがすほどの数に見えたネットの反体制派はごくごく少数だったのだ、と。中国インターネットネットワーク情報センター（ＣＮＮＩＣ）の報告書によると、２０１１年７月の微博ユーザー数は2億人だった。うち政治に関心があるのは3割弱とみて５０００万人程度。中国共産党支持派や単なる風見鶏《かざみどり》を差し引けば、反政府派や体制批判派の実数はせいぜい１０００～２０００万人、ことによれば数百万人しかいなかったのではないかと推算している。13億人のごくごく一部に過ぎないという指摘だ。

庶民のほとんどが知らないネット論壇、これを評価していたのは海外のメディアと研究者、そして危機感を募らせた中国共産党だけだ。共産党が虚像に怯《おび》え過剰に反応しただけだったと論じている。

究極のネット抗議運動「中国ジャスミン革命」

ネット論壇の影響力がピークに達していた2011年の段階での、安田の指摘はまさに慧眼《けいがん》というべきだろう。むしろ数百万人という数も過大評価かもしれない。あるネット・オピニオンリーダーはネット論壇の中核はせいぜい20万人程度しかないのではないかと話していた。

では、ネット論壇とはごくごく一部の声に中国共産党が怯えただけだったのだろうか。そうではない。むしろネット論壇の側が小さな声を増幅していき、政権に圧力をかける仕組みを積極的に採用していたと見るべきだ。

あらゆる手段を駆使してネット論壇の幻像を大きくして政府に圧力をかけていく。普段は政治問題にまったく関心がない庶民が、ネット論壇の起こした波に巻き込まれてネット世論の一部になっていく。そして反政府的な考えを持っていない人々も自分の権利を守るためにネット論壇を利用していく。このシステムこそが影響力の源泉であった。ここでは「野次馬」と「誤読」という2つの手法から増幅のプロセスを考えてみよう。

「野次馬」による動員の究極的な形とも言えるのが2011年2月に始まった「中国ジャスミン革命」だ。それはきわめて特異な事件だった。「秘密樹洞《ミーミーシュートン》（秘密の木のほら）」というツイッター・アカウントが「中国ジャスミン革命の決行日時が決まった。2月20日午後2時、各都市の集合地点に集まれ。場所は決行前日に博訊網《ボーシュンワン》に掲載する。もし連絡ができない場合は自己判断で各都市の中央広場に集まれ」とのつぶやきを掲載した。

この「秘密樹洞」は特定の個人のアカウントではない。あるサイトでメッセージを入力するとその内容をつぶやいてくれるという、いわばつぶやき代行サービスである。また集合地点を掲載する博訊網は米国に拠点を置く反中国政府系のニュースサイトで、寄稿されたリーク情報の掲載が中心だ。同サイトには各都市の集合地点のリストが掲載されたが、博訊網自体が「中国ジャスミン革命」の首謀者というわけではない。つまり、いったい誰が呼びかけているのか、何の目的で集まるのか、集まった後に何をするのか、何一つわからないのだ。

決行日、私は天津市の集合地点を訪れた。鼓楼《グーロウ》という土産物屋が並ぶ一角だ。週末のため多くの観光客でにぎわっている。いつもと何も変わらないように見えたその時のこと、突然一人の男が大声でなにやら叫びだした。すると買い物客のように見えていた人々がぱっと振り返り、男のもとに殺到した。実はその場にいたのは私服警官とメディア関係者ばかりだった。男は「中国ジャスミン革命」の呼びかけを見て、ここにならば人が集まるだろうと考えた陳情者で、政府が不当に土地を奪ったと告発するためにやってきていた。

そう、その場には「中国ジャスミン革命」の参加者など一人もいなかった。あるいはただの買い物客も私服警官もジャーナリストも、その場に居合わせた人はみんな参加者となった。デモが禁止されている中国では「ただ偶然居合わせただけ」という建て前で人が集まる「散歩」という抗議手法がある。その考えでいけば、集会場所に居合わせた人はみんな「革命」の参加者とも言える。

他都市でも状況はだいたい同じである。いや、それどころかすでに取り壊されて存在しない場所が集合場所にされていたこともあれば、海外集会地点として新宿駅前が指定されていたこともあった。新宿駅前を歩いた通行人はみんな参加者扱いだったのだ。

ただ単にツイッターで呼びかけて適当に作ったリストを発表するだけで、警察とメディアを引きずり回す大騒ぎを起こした「中国ジャスミン革命」。単なる悪ふざけに過ぎないという批判もある。中国当局は予防的に警戒を強め、200人近い人権派弁護士や活動家を逮捕、事情聴取した。悪ふざけが大変な被害をもたらした、中国政府が過敏に反応しただけという評価は間違ったものではない。

しかし、ほとんど悪ふざけの域をでない「中国ジャスミン革命」は、ネット論壇の本質を端的に示すものでもある。ありとあらゆる者を自分たちの支持者だと「誤読」すること、「野次馬」を自分たちの支持者だと言い張ること、究極的にはこれこそがネット論壇の力であった。

ネット論壇と〝誤読〟

このように理解した場合、ネット論壇発とされてきた運動もまた無数の〝誤読〟を含むものであったことがわかる。

ここでいう〝誤読〟とは勘違いという意味ではない。ネット論壇とは必ずしも考え方が一致しない人々や運動についても、あたかも自分たちと同じ志を持っているかのように積極的に読み替えるという意味である。市民運動や学生運動は内紛を起こして分裂し力を失っていくのが常だが、中国のネット論壇は逆に異物をも取り込み、影響力を最大限に拡大していった。また取り込まれる側にもネット論壇の支持を受けられるというメリットがある。取り込む側と取り込まれる側、双方はお互いの意見が一致しないことを理解しつつも共犯関係を築いていた。

この〝誤読〟を示す象徴的な出来事は烏坎事件だろう。ネット論壇はこの運動を抗議運動の勝利と位置づけたし、ネット論壇の視点から描いたNHKドキュメンタリー「勝ち取った一票」は民主的な村選挙を求めた住民たちの抗議活動が勝利したという筋書きだ。

だが実際には経緯はもう少し複雑だ。農民たちが村役人を追い出し自治組織を設立する。武装警察隊に包囲された村からはインターネットを通じて状況がリアルタイムに発信され、活動家が支援物資を送り込む。包囲され孤立したはずの村がインターネットを通じてネット論壇、そして世界につながり、野次馬をかき集めた。しかし事件の収束は驚くべきものだった。

解決のために朱明国《しゆめいこく》広東省委副書記が派遣されると、村人たちは歓迎の横断幕をもって迎えた。中国政府の独裁に抗議し民主的な政治を求める運動と評価されていたのに、一転して「悪代官に苦しむ地方を救う中央の役人」という、水戸黄門のような一君万民的世界観へと転換したのだった。政府に勝つことも民主的な選挙を実現することとも目的ではない。実際には村の共有地を奪回することが目的であり、村民たちはそのためにネット論壇を積極的に利用した。一方でネット論壇も積極的に〝誤読〟することで、烏坎事件を自分たちの勝利と位置づけた。

なお、事件から2年後、香港メディアは烏坎村のその後を伝えている。村民たちのリーダーである林祖鑾《りんそらん》は選挙によって村民委員会代表に選ばれたが、企業との土地返還交渉は難航。不満を募らせた村民から吊し上げられていると嘆いた。

そして、大連PX事件、啓東市や什邡市の環境デモなど世界的ニュースとなった環境デモもまた〝誤読〟を含んでいる。自分たちの権利、環境を守るための戦いであり、市民意識の覚醒《かくせい》だとネット論壇に〝誤読〟された環境デモだが、他地域との連携や環境行政への市民参加を求めるような展開へと発展することはなかった。それもそのはず、環境デモは市民意識の覚醒や反政府運動とは異なるもの、いわゆるＮＩＭＢＹに近いものだったからだ。

ＮＩＭＢＹとは「Ｎｏｔ Ｉｎ Ｍｙ Ｂａｃｋｙａｒｄ」の略語で、「うちの裏庭ではやるな」という意味だ。ゴミ焼却場や火葬場、発電所など社会全体には不可欠な施設であっても、自分たちの近くには作らないで欲しいと抗議する住民運動を指す。先進国においても解決が難しいやっかいな問題だが、第三者による環境アセスメントや住民との粘り強い話し合いなど落としどころを見つけるための智慧《ちえ》が養われてきた。しかし中国では司法も環境評価の専門家も政権の支配下にあり、住民側に立つ可能性はきわめて低い。そのためパトカーをひっくり返したり市庁舎を包囲したり道路を封鎖したりという直接的な抗議運動しか手段が残されていない。

ＮＩＭＢＹ以上に地域エゴがむき出しになった住民抗議事件も起きている。２０１５年５月には四川省広安《こうあん》市隣水《りんすい》県で数万人が参加する暴動が起きた。住民はパトカーをひっくり返し警官隊に投石するなどの混乱へと発展した。この事件の原因はなんとも奇妙なものだった。達州《たつしゅう》市・重慶市間高速鉄道の建設にあたり、隣水県を経由する計画と経由しない計画の二つがあることが発表されたことが発端だ。高速鉄道開通による地価上昇を見越して、多くの市民が不動産に投資していた。高速鉄道が来ないとなれば大損してしまうと焦った市民たちがネットで抗議活動を呼びかけ、大暴動へと発展した。ネットの呼びかけにより市庁舎前に集まり政府に圧力をかける。環境デモとよく似た構図だが、その要求は住民エゴの固まりだ。暴動によって高速鉄道別路線の検討中止が発表され住民の要求が通ったのだが、これも「市民の勝利」だろうか？

改革と革命の〝誤読〟

もう一つ、ネット論壇の積極的な〝誤読〟がある。それは改革と革命というテーマだ。第一章で取り上げた浦志強弁護士しかり、人権派弁護士やリベラル派ジャーナリストなどは体制内から中国を変えようとする意味で改革派と分類できる。中国共産党の一党独裁そのものを覆《くつがえ》すのではなく、現行の法律と憲法の枠内でもよりよい社会が実現できるという発想だ。しかしネット論壇ではこうした改革派の営みを中国共産党に対する挑戦、革命的行為として位置づけ、改革派の活躍を革命派の前進として〝誤読〟していた。

その典型例とも言えるのが、2013年1月の南方週末社説書き換え事件だった。日本でも大きく取り上げられたこの事件だが、中国共産党の検閲に記者が抗議声明を発表。これに呼応して活動家が南方週末本社前で記者を支持する集会を開き、ネット論壇でも南方週末支持の声が広がった。

この経緯だけをみると、南方週末記者が中国共産党のメディア検閲に反旗を翻したかに見えるが、内実はもう少し複雑だ。右派系人気新聞として地位を築いた南方週末だが、毎年の新年第一号には中国の改革に期待を寄せる長編の社説を掲載するのが恒例となっていた。2013年には「中国の夢、憲政の夢」というタイトルの社説を掲載予定で、憲法を遵守した統治、すなわち憲政の実現こそが中国の目標だと説く内容だった。

記事の掲載前には南方週末の編集委員と広東省宣伝部局担当者との侃々諤々《かんかんがくがく》の議論が繰り広げられ、検閲の範囲から逸脱しないぎりぎりのラインでの表現が試行錯誤された。深夜にまで及ぶ議論の末、最終稿が決定し編集委員たちは帰宅した。ところが翌日になって検閲部局は編集長を呼び出し書き換えを命じた。編集長は他の編集委員に相談することなく、独断で社説を書き換え、「中国は今、民族復興の偉大な夢にもっとも近づいている」と現体制を賛美《さんび》する内容で発行された。

この不意打ちとも言える差し替え要求に記者たちは怒りを示したのだった。もちろんジャーナリストならば誰もが検閲をよしとしない。しかし現実に検閲がある中で、ぎりぎりのラインをさぐるのが彼らの戦いだった。独裁政権にも守るべきルールがあるはずであり、そのルールが侵犯されたことを記者たちは問題としていた。しかし一方で、活動家やネット論壇は報道の自由を勝ち取るための戦いとして積極的に〝誤読〟し、記者たちの要求とはずれたベクトルでの支援を続けたのであった。

浦志強、そして「暗黒の金曜日」事件で逮捕された弁護士たちも積極的に〝誤読〟を利用していた。ネット論壇に情報を流し、また野次馬が集まりやすいようなセンセーショナルな活動を摸索していた。だからこそ政権の怒りを買い、弾圧の対象になったのであった。

大衆化とネット論壇の瓦解

ネット論壇は積極的な〝誤読〟によって勝利を積み重ね、勝利を重ねたという事実によってますます政権に与える影響力を高めていった。しかし今、このメカニズムは機能していないようだ。以前ならば間違いなく大きな騒ぎになったはずの事件がまたたく間に収束するようになっている。

この変化は2011年の温州高速鉄道衝突脱線事故と2015年の長江客船沈没事故を比較するとよくわかる。前者がどれほどの騒ぎになったのかは第二章で詳述したとおりだ。後者は2015年6月1日、湖北省の長江水域で大型客船が沈没した事故で、442人が死亡するという中華人民共和国建国以来最悪の水難事故となった。温州高速鉄道衝突脱線事故の死者は40人。その11倍が死亡する大惨事である。またフェリーの大型化改装、暴風雨の中の出港、いまだに詳しい事故原因が発表されていないことなど、高速鉄道事故以上に不可解な点が多い。

　しかし、客船沈没事故が大々的な社会事件に発展することはなかった。温州高速鉄道衝突脱線事故と比べ、政府の対応が早かったということもある。政府は事故からわずか5日で船体の引き上げ作業を完了させ、事件の幕引きを図《はか》った。またメディアの独自取材を禁止し、官製メディアの転用だけを認めた。事故原因が発表されないことに不満を抱く遺族はいたが、徹底的に監視し海外メディアへの取材を禁止した。

　実は客船沈没事故後、遺族から辣椒に連絡が入っていた。海外でも知名度が高い辣椒の力を使って、海外メディアでこの問題を取り上げてもらえないかという依頼で、数十人もの遺族の電話番号リストが添《そ》えられていた。数時間後にはリストを受け取った海外メディアが遺族に電話取材を試みたが、すでに遺族の態度は一転。固く口を閉ざして何も話そうとはしなかった。海外メディアへの告発の動きを察知《さっち》して、遺族に圧力をかけたことは明らかだった。

　こうした政府の施策が成果を上げたことは間違いない。とはいえ、これほどの事件にもかかわらず、わずか数日で関心が薄れていったのはそれだけが理由だろうか。そうではない。私はネットの大衆化こそがネット論壇瓦解の要因だったと考えている。繰り返し説明してきたとおり、ネット論壇の力とは野次馬を巻き込んで数を集めてネット世論を作り出し、政権に圧力をかけるというものであった。ネット論壇のコアユーザーの数は多くなくともよい。ただし、事件が起きた時にはネット論壇の外側にいる人々を巻き込んでいく、野次馬を集める回路《かいろ》が必要となる。

ところがネットユーザーの数が増えるにつれ、こうした回路は失われていった。それぞれが自分たちの人間関係の中だけに関心を持ち、それ以外に関心を持たなくなったのだ。かつては政府批判とリベラル寄りの言説がネットのキラーコンテンツであり、それを武器に多くのオピニオンリーダーがスターダムにのしあがった。商業的な成功を収めたものも少なくない。しかし今では芸能ゴシップや映画やドラマ、投資指南、健康マニュアル、あるいはアニメなどのオタク趣味といったタコ壺《つぼ》的に細分化された話題へとネットの興味は拡散している。

ネットユーザーの数がまだ少ない段階ではネット論壇の動きに注目している人の比率も高かったが、今ではごく少数となってしまった。これではネット世論を作ることは難しい。ネットが沸騰しているかのような虚構を作りださなければ、圧力として機能しないためだ。

新たなツールと商業化

さらに人気SNSツールの変化もネット論壇の力を弱めることとなった。CNNICは半年に一度、報告書「中国インターネット発展状況統計報告」を発表している。2013年1月発表の第31期報告書で微博ユーザー数はピークとなる3億861万人を記録した。その後は減少が進み、2015年7月の第36期報告書では2億432万人と最盛期の3分の2にまで縮小した。

微博の衰退と入れ替わるようにして成長しているのがWeChat（微信）だ。このアプリは日本のLINEとよく似たスマートフォン向けのコミュニケーションツールで、LINEより約5カ月早い2011年1月にサービスを開始している。2012年頃からユーザー数が急拡大し、微博に代わるコミュニケーションツールの座を手に入れた。主にパソコン利用を前提に開発された微博とは違い、WeChatはスマートフォンに特化している。また音声メッセージ送信機能が充実しており、トランシーバーのように使うこともできる。タッチパネルでの直感的操作と音声メッセージ機能によって、微博を使いこなせなかった層も取り込むことに成功した。

ネット論壇との絡みで大きいのは、微博は見知らぬ人と会話したり、あるいは見知らぬ人同士の議論を眺めることが前提となるオープンなサービスであるのに対し、ＷｅＣｈａｔは知り合い同士での会話が中心のクローズドなサービスであるという点だ。多くの人に訴えたり、議論を交わして考えを深めるという使い方は難しい。

微博よりもＷｅＣｈａｔが選ばれるようになった背景には、オープンな議論は必要なく仲間内の会話だけで十分だというユーザーが増えたことがある。むろん微博のユーザーが消えたわけではない。しかし以前のような議論が交わされることは少なくなり、著名芸能人のつぶやきを追いかけたり、あるいはお得なショッピング情報を提供するビジネスアカウントをフォローしたりといった使い方が増えているようだ。

ＷｅＣｈａｔを使って社会問題について議論しようとする人もいるが、微博同様の強力な検閲によってすぐに削除されてしまう。しかもクローズドなサービスのため、どれだけ検閲されているのかすらも外部からはなかなか見えないのが実情だ。

ネット論壇が衰退する一方で、バズ・マーケティングが隆盛《りゅうせい》している。バズ・マーケティングとはソーシャルメディアによって情報を拡散させるマーケティング手法で、ついつい知人に教えたくなってしまうようなユーモラスな写真や情報で注目を集めるもの。ネット論壇とそっくりの手法なのだ。日本でも盛んだが、中国では比類なき爆発力を誇っている。以前からネット論壇で鍛えてきた成果だろうか。

たとえば2015年7月にはユニクロを巻き込むバズ・マーケティング騒ぎがあった。北京三里屯《さんりとん》店の試着室で、いかがわしい行為をしていた若い男女の動画がネットに流出したというもの。日本人的常識ならば、その男女がけしからんという話に落ち着くのではないだろうか。だが中国では違う。これはユニクロがしかけたバズ・マーケティングだとの噂が一気に広がった。ユニクロは否定する声明を発表したが、実際に三里屯店を訪れて記念撮影をする人まで現われたという。

「愚民」とお上の共犯関係

なぜネット論壇は瓦解したのか？　習近平体制の反撃だけが要因ではない。自律した市民が育たなかったこと、大衆化によるネット論壇の機能低下という社会の側の要因も大きかった。この状況を辣椒は「愚民化」として危惧している。ここでいう愚民とは多分に中国的文脈から出てくる言葉だ。

前近代中国において民とは善導、教化される対象とされていた。支配者の目から見れば、皇帝に従う良民は同時に常に啓蒙が必要な愚民でもあったのだ。横山宏章《よこやまひろあき》『中国の愚民主義「賢人支配」の100年』（平凡社新書、2014年）はこうした愚民観は孫文《そんぶん》や毛沢東など近代以後にも引き継がれていると指摘する。21世紀となった今も中国共産党はさまざまな場面で民を教化しようとしている。2014年初頭には人気女優ファン・ビンビンが出演した宮廷時代劇ドラマ「武媚娘伝奇」が放送中止に追い込まれた。胸元が大きく開いた衣装が問題だと検閲当局が指導したのだという。テレビ局は突貫工事で修正し、バストショットをすべて顔のアップに変えた。胸が見えないのならばよいと放送再開が許されたが、顔のアップばかりが画面に映し出される不自然なドラマとなってしまった。この問題についても辣椒は作品を描いている［図28］。

一方で、「愚民」とみなされた庶民は、ただただ受け身の存在だったわけではないし、愚かだったわけでもない。大澤正昭《おおさわまさあき》『主張する「愚民」たち―伝統中国の紛争と解決法』（角川書店、１９９６年）は南宋時代の裁判史料『清明集《チンミンジー》』を手がかりに当時の「愚民」たちの姿を解き明かしているが、「庶民たちは、教化されるべき〈愚民〉としての地位を逆手にとって、支配者たちを苦しめていたのではなかったのか」と指摘する。

烏坎事件を思い起こしてみよう。ネット論壇の力を活用して政府と対立し武装警官隊の包囲に負けなかった村民たちは省政府から高官が派遣されると一転して大歓迎し恭順する姿勢を示した。民主主義を勝ち取るどころか、悪代官の不正を正しき共産党にただしてもらおうとお願いする「愚民」としての姿勢を示したのである。これは支配者にとっても好都合だった。村民と中国共産党は「徳のある官」と感化される「愚民」という古めかしいポーズをともに演じることで事件の区切りをつけたのだった。

こうした共犯関係については山田賢《やまだまさる》「『官逼民反』考：嘉慶白蓮教反乱の『叙法』をめぐる試論」（『名古屋大学東洋史研究報告』25号、2001年）が示唆《しさ》的だ。「官逼民反」とは「悪しき官の圧迫によって追い詰められた民が反乱を起こした」というロジックである。

白蓮教の反乱鎮圧後、捕えられた首謀者は悪い地方官僚に追い詰められたことによってやむなく反乱したとの「真相」を明かす。この言葉を聞いた皇帝は地方官僚の問題を知り不正をただすのだった。史料に記されたやりとりは事実というよりも、皇帝と反乱者の双方にとって都合のいい物語だったと山田は指摘する。民が反乱を起こしたのは皇帝の徳が不足しているからではない。皇帝の恩恵をさえぎる悪い地方官僚がいたからだ。このロジックならば皇帝の権威が傷つけられることはない。また「やむを得ない事情があった」との物語は反乱者にとっても情状酌量を引き出す手札となる。かくして皇帝と反乱者は共犯者となって一つの物語を築いたのだ。

中国的文脈における「愚民」として振る舞うこと、それ自体が民にとってはお上の譲歩を引き出す戦略ともなりえた。この発想は烏坎事件にも通底《つうてい》するものだろう。だ

〔図28〕人気女優ファン・ビンビンが出演したドラマ「武媚娘伝奇」。冒頭数話が放映された後、コンテンツ検閲を担当する広電総局は胸元がはだけた花魁風宮廷衣装が「風紀を乱す」と修正を命じた。今さら撮り直す時間もなく、胸元が映らないよう顔のアップをつなぐ急場しのぎの編集が行なわれた

が、この古めかしい作法に従い「愚民」を演じることは、最終的に支配者の恩恵を待つ、客体であり続けることを意味する。これでは中国の変革、市民社会の希求など遠のくばかりではないか。

中国の未来

一度は大きな期待を集めたネット論壇は瓦解してしまった。いや、そもそもネット論壇の勝利と呼ばれていたものであっても、その内実を見れば慈悲深き支配者に救われる「愚民」という、近代とは真逆の古めかしい構図によって成り立っていたのではなかったか。

近代的市民運動ではなかったことは確かだが、しかしこれは「上り坂にある独裁国家で抵抗運動は実現しうるのか？」という、厳しいハードルにぶち当たった結果だろう。たとえばアラブの春ではいくつもの国で政権交代を実現したが、中国とは条件が異なる。インフレ率と失業率が高止まりし国民の不満が極限に達した地点にアラブの春があったとするならば、中国政府は右往左往しつつも現時点では経済のコントロールに成功し、高成長を維持している。こうした力強い独裁体制を前にはたしてどのような抵抗運動が可能なのだろうか。

想起されるのは２０１４年に台湾と香港で起きた学生運動だ。台湾の太陽花学生運動は中国本土とのサービス防衛協定調印が議会で十分に話し合われていないと不満を抱いた学生が議会を占拠、約2カ月にわたり籠城した事件である。香港の雨傘運動は香港特区長官選挙が市民が投票できる普通選挙となることが約束されていたにもかかわらず、立候補の段階で選別が行なわれ、実質的には親中派候補しか立候補できないことに怒った学生が、政府庁舎前の広場などを占拠した運動である。

同一年に中華圏で起きた二つの学生運動はさまざまな点でよく似ている。またアートやユーモラスな標語を使って人々の注目を集め、政権への圧力とした点では、台湾、香港だけではなく、中国本土のネット運動とも類似点が多かった。両学生運動はともに反中国本土のベクトルを持っていたが、その実、中華圏の統一性を感じさせたのは皮肉だろうか。

この、よく似た二つの運動は異なる結末を迎えた。台湾の学生たちは勝利を収め、香港の学生たちは苦汁を飲んだ。この結果にいたるまでには多くの要因があるが、最大の要因はやはり台湾が民主主義国であり、民意を無視しえなかったのに対し、香港では中国政府が絶対に譲歩しなかった点だろう。中国共産党からみれば、中国本土でのネット運動に対しては良き君主として対応しなければならないが、香港政府というクッションを通じて相まみえる香港の学生に対しては譲歩する義理はない。その点では香港の学生たちのハードルは中国のネット論壇以上に高かった。

「中国の体制が強大である限り、抗議活動が成功することはない。そして短期的に中国共産党の支配は揺《ゆ》るがないだろう。だとすれば自分が生きている間には、もう二度と祖国に足を踏み入れることはないかもしれない」。辣椒はそう語る。経済など多くの難題を抱えているとはいえ、中国政府は（少なくとも短期的には）破滅を回避するに十分な力を有している。いつかは問題が表面化してくる日があるかもしれないが、おそらくは今日明日の話ではないだろう。

習近平は皇帝になるのか

逆に習近平体制がより強固なものとなること、習近平が毛沢東に続く新たな皇帝となる可能性も十分に考えられる。大国復興を目指す「中国の夢」とは民衆のためではなく、習近平の野望を満足させるためのものにも思える［図29］。

独裁社会、監視国家を描いた名作SF小説として、ジョージ・オーウェル『1984年』（早川書房、2009年）はよく知られている。国家エリートの住宅にはすべて盗聴器が設置されていて、プライベートも含めたすべての会話が盗み聞きされている。また政治的要請に従った歴史の改竄《かいざん》が日々休むことなく行なわれている。A国と同盟を結ぶことになれば、過去に制作したA国を批判する文書はすべて書き換えられる。ある政治家が失脚すれば、新聞記事や宣伝用写真からその政治家はすべて消されていく。

『1984年』の描写は現実の中国と似ているところが多い。検閲を担当する中国共産党中央宣伝部には、同書に登場する検閲組織である真理省というあだ名が付けられているほどだ。もっとも中国はすでにSF的想像力を上回っている点もある。『19

84年』の世界では人々は常に監視と検閲を意識して生きている。しかし中国では、1000万人もの人間がネット検閲ボランティアとして動員されるなどSF以上にSF的な事態があるにもかかわらず、監視や検閲を気づいていない人も多い。わかりやすいディストピア（ユートピア〈理想郷〉の正反対）ではなく、よくできたディストピアという完成形に中国は近づきつつあるのだろうか。

ネット論壇の手法を簒奪した習近平は新時代の民意獲得策を実行し、民に推戴されるカリスマとしての力を強めている。その力で超長期政権を築く可能性が高いと私と辣椒は意見を一致させている。

憲法によって国家主席の座は連続2期までと定められているが、中国共産党総書記には明文化された制限はない。ただし総書記が兼任する中国共産党中央政治局常務委員は、5年に一度の党大会での就任時点で、年齢が67歳以下にするとの不文律はある。習近平は2022年の党大会時点で69歳と不文律に抵触《ていしょく》する。

しかしこの不文律自体が2002年の党大会前に合意されたもので、それ以前は70歳がラインとされていた。今の習近平の権勢を考えれば不文律を変える力は十二分に

〔図 29〕月面に探査機まで送り込むなど積極的な宇宙開発を続ける中国。宇宙開発も「中国の夢」の一部とされているが、貧困などの現実的問題を無視してプロパガンダとしての宇宙開発を続けるのは自慰行為にほかならないとの風刺

あるだろう。おそらく2017年の次回党大会をみれば習近平の超長期政権の行方を占うことができるだろう。反汚職運動の指揮を取る王岐山《おうきざん》中央紀律委員会書記は次期党大会時点で69歳。本来ならば引退すべき年齢だ。しかし共産党の長老が連名で留任させるべきとの意見書を提出するなど、引退ラインを変える準備は進められている。王が留任すれば、2022年党大会で習近平留任を阻《はば》む障害はなくなる。

王岐山引退と並んで注目されるのが後継者の問題だ。胡錦濤、習近平と直近の総書記経験者二人は、総書記就任の5年前に常務委員入りを果たしている。次期総書記が同じルートをたどるとすると、2017年に常務委員入り(そのためには現時点で政治局委員である必要がある)し、2022年から10年間にわたり総書記を務める(2027年の党大会時点で67歳以下)という条件をクリアできるのはわずかに胡春華《こしゅんか》広東省委書記と孫政才《そんせいさい》重慶市委書記の二人だけである。波乱がなければどちらかが総書記となり、もう一方が首相となるだろう。次期党大会で両者がいかに処遇されるかが注目される。もしどちらか片方でも常務委員に選出されないようなことがあれば、習近平の超長期政権という波乱は間違いないと見るべきだろう。

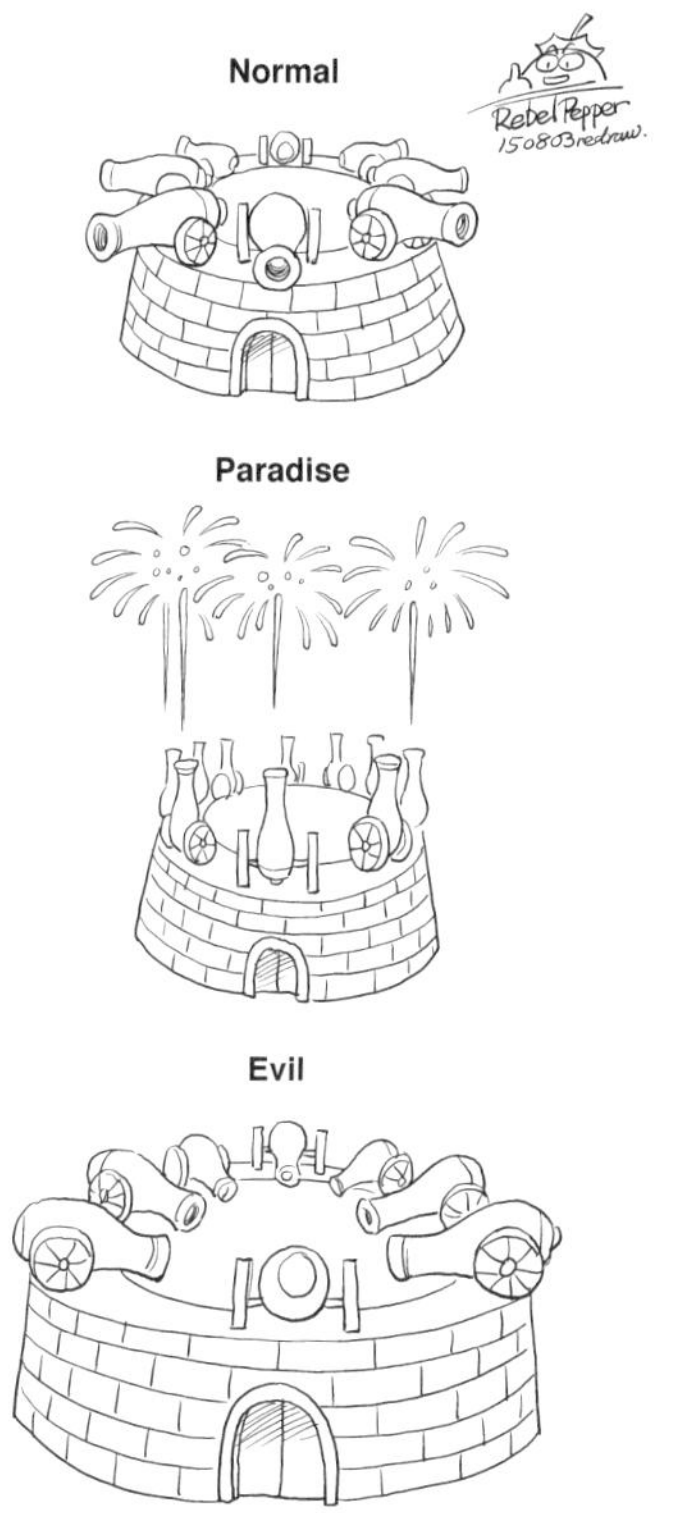

〔図 30〕国ごとに違う軍事力のあり方。普通の国では外敵に備えて大砲は外を向いている。平和を実現したパラダイスでは大砲はもはや祝砲としてしか使われていない。そして悪の国では大砲は内側の国民に照準を合わせている

もっとも習近平が強力な政権基盤を築いたとしても、それが中国社会の安定につながるかどうかはまた別の話となる。ネット論壇が注目を集めたのは、これまで黙殺されてきたさまざまな問題を表に出し、政府に譲歩させせたからだ。ネット論壇が瓦解したからといって元に戻ればどうなるだろうか。独裁国家中国の中では数少ない、可能性のある選択肢が失われることになる。どこにも声を届けられなくなれば、不満を抱いた人々はより先鋭的な抵抗へと打って出る可能性も考えられる。中国の軍事力は外敵ではなく、内乱対策に照準を合わせているのではないか。そう考えた辣椒の作品がこちらだ［図30］。香港メディアが中国政府の治安対策費を算出している。警察、武装警察、司法などの社会秩序維持関連の財政支出を合算したものだが、その金額はすでに国防費を超えているという。外敵よりも内乱を恐れると揶揄されるゆえんだ。しかし、力ずくでの不満封じ込めはいつまでも続けられるものではない。

ネット論壇は人々の不満を可視化し、野次馬を巻き込んで政府に圧力をかけるシステムであった。そのシステムが瓦解したからといってそもそもの不満が解消されたわけではない。むしろ解決する手段が失われただけ、マグマはたまり将来爆発するリスクが高まっていく。

中国共産党にとって最大の敵となったネット論壇を葬《ほうむ》り去り、習近平は盤石の体制を築いたかに見える。その力を使って超長期政権、皇帝への道を進んでいくことだろう。その先には大きな混乱が待ち受けているのではないか。「和平演変」（平和的体制転換）を恐れる中国共産党だが、マグマがたまり続ければ平和的体制転換どころではない問題につながりかねない。

いつかはわからないが、その混乱を経ることしか中国が変わる道はない。祖国に捨てられた辣椒はそう達観《たつかん》している。一度は改革に期待を抱いていた辣椒だけに、その絶望は深い。

その破局が訪れる前に中国の政府と人々は別の道を見つけることができるだろうか。中国が混乱すれば、隣国である日本とて無傷ではいられない。絶望の道にいたらない着地点を見つけるため、日本は何ができるのだろうか。辣椒の日本亡命をきっかけとして、一人でも多くの人に考えてもらいたい。

おわりに

辣椒と初めて会ったのは2014年秋、日本〝亡命〟が決まってまだ間《ま》もない時期だった。陽気に答えてくれた辣椒だったが、3時間にも及ぶインタビューの中で彼が一度だけ感情をたかぶらせたことがある。それは心境をたずねた時のことだった。「祖国に捨てられた気持ちがわかりますか」と声を震わせながら答えたのだ。ユーモアたっぷりの風刺漫画で、舌鋒鋭く中国共産党を批判してきた「習近平を怒らせた漫画家」の、母国への深い愛が感じられた瞬間だった。

辣椒は「今の政治体制が変わらないかぎり帰国はしない」と断言している。もはや漸進的な改革の道は断たれているのだ、と。はたして彼が帰国できる日は来るのだろうか。祖国への愛が込められた激辛風刺漫画が中国に届いて欲しいと願うばかりだ。

本書では辣椒も活躍したネット論壇を取り上げた。かつて中国共産党を恐怖させたほどのネット論壇だが、今やその影響力は失われた。栄光の日々は大々的に報じていた日本のメディアも、今では取り上げる機会はほとんどない。だが、その意義はまったく衰えていないはずだ。ネット論壇を叩き、その「遊撃戦」的戦術を奪うこと。これこそが習近平体制の大方針であり、ネット論壇の歴史を知らずして今の中国を理解することはできない。

本書で取り上げたように、「人民解放軍発のアイドルグループ創設」といったトンデモニュースと「２００人以上の人権派弁護士、活動家が拘束された」という思想統制の動きは一本の線で結ばれている。中国に関するニュースがあふれる日本において、本書がその文脈と意味を理解する一助になることを祈っている。

この本が、私にとっては初めての単著となる。初めて中国を旅してから20年、中国を仕事とするようになってから10年が過ぎた。この間、中国に対する興味が失われなかったのは、常に新鮮な驚きを与えてくれる場だったからだ。少なくとも都市部では日本とほとんど変わらないような物質的条件がそろった中国だが、深く掘り下げるとまったく別の姿が見えている。この驚きを伝えたいという思いが、私の原動力だ。さまざまな媒体に寄稿するだけではなく、「ＫＩＮＢＲＩＣＫＳ　ＮＯＷ」というニュースサイトでも、日々この驚きをつづってきた。もし本書を手に取った読者が少しでも驚きを共有してくれたなら、これに勝《まさ》る喜びはない。

最後に、執筆が遅れがちな著者を励ましてくれた編集者の磯本美穂さん、多くの意見と気づきを与えてくれた友人たち、そしていつも支えてくれた妻に感謝の言葉を述べたい。

切りとり線

★読者のみなさまにお願い

この本をお読みになって、どんな感想をお持ちでしょうか。祥伝社のホームページから書評をお送りいただけたら、ありがたく存じます。今後の企画の参考にさせていただきます。また、次ページの原稿用紙を切り取り、左記まで郵送していただいても結構です。

お寄せいただいた書評は、ご了解のうえ新聞・雑誌などを通じて紹介させていただくこともあります。採用の場合は、特製図書カードを差しあげます。

なお、ご記入いただいたお名前、ご住所、ご連絡先等は、書評紹介の事前了解、謝礼のお届け以外の目的で利用することはありません。また、それらの情報を6カ月を越えて保管することもありません。

〒101-8701（お手紙は郵便番号だけで届きます）
祥伝社新書編集部
電話03（3265）2310
祥伝社ホームページ　http://www.shodensha.co.jp/bookreview/

★本書の購買動機（新聞名か雑誌名、あるいは○をつけてください）

＿＿＿＿新聞の広告を見て	＿＿＿＿誌の広告を見て	＿＿＿＿新聞の書評を見て	＿＿＿＿誌の書評を見て	書店で見かけて	知人のすすめで

★100字書評……なぜ、習近平は激怒したのか

名前

住所

年齢

職業

高口康太　たかぐち・こうた

1976年生まれ。千葉大学人文社会科学研究科（博士課程）単位取得退学。中華人民共和国・南開大学に中国国費留学生として留学。ライター、翻訳者、リサーチャーとして活動。週刊新潮、週刊SPA!、週刊現代などでコメント、リサーチ多数。ウェブメディアで翻訳、コラム執筆を担当。政治、経済、社会、ネット事情など幅広い分野に精通する。寄稿記事に『第三次世界大戦は本当に起きるのか？』（綜合図書）、『国境を貫く歴史認識』（青木書店）など。

なぜ、習近平《しゅうきんぺい》は激怒《げきど》したのか
——人気漫画家が亡命した理由

高口康太《たかぐちこうた》

2015年 9 月10日　初版第 1 刷発行

発行者……………竹内和芳
発行所……………祥伝社しょうでんしゃ
〒101-8701　東京都千代田区神田神保町3-3
電話　03(3265)2081(販売部)
電話　03(3265)2310(編集部)
電話　03(3265)3622(業務部)
ホームページ　http://www.shodensha.co.jp/
装丁者……………盛川和洋
印刷所……………萩原印刷
製本所……………ナショナル製本

Printed in Japan　ISBN978-4-396-11435-0　C0231